AF451128

GIULIO DI MALTA

C'ERE NNA VOTA ...AIELLU

SANTELLI EDITORE

C'ere nna vota ... Aiellu
di Giulio di Malta
seconda edizione: Luglio 2019
© *2019,* Santelli editore

Santelli editore
Viale Giacomo Mancini 236,
87100 Cosenza
0984.406939
info@santellieditore.it
www.santellieditore.it

Dedicato ai miei genitori
Lina e Valerio

Fotografia dell'anno 1930 di Piazza Santa Maria con il Castello

PITTURA E POESIA IN GIULIO di MALTA

di Franco Volpe

Giulio di Malta non è il primo esempio di Poeta-Pittore espresso dalla Calabria: basterebbe richiamare,per convincersene,l'illustre precedente di Enotrio, il mitico autore di "Paese in Calabria"oltre che grande interprete del paesaggio meridionale, suo pensiero costante nell'esilio argentino. Ma quel che colpisce ed affascina in Giulio è la perfetta circolarità che è riuscito a stabilire fra le sue due anime. Che sono, quindi, non mondi separati e reciprocamente chiusi a guisa di bibinizione "Monadi, senza finestre", ma semplicemente due facce di un'unica forma d'espressione artistica esplicantesi, secondo modalità e con mezzi diversi,ma, intrinsecamente radicate nella cultura materiale del piccolo universo paesano e rurale.

Così,la scrittura poetica e la pratica pittorica sono improntate entrambe ad un sobrio realismo soffuso di liricità. Una liricità che,in momenti come le recenti poesie a Giovanni Paolo II, si anima di un caldo soffio di spiritualità, mentre in pittura si esprime in un paesaggio di espressionistica forza ed acceso cromatismo(si ricordino certi cieli cero o rosso porpora),per non parlare delle felici escursioni nella micro pittura. I reciproci richiami fra le due forme d'espressione, sono costanti, non c'è componimento poetico che non sottenda, qualche elemento di tensione figurativa;così come non opera pittorica o grafica che non rimandi ad un una sottostante accensione o vibrazione lirica. Ecco, l'essere riuscito a realizzare tale esemplare, congiunta coerenza tra espressione pittorica e scrittura poetica è uno dei punti di forza di questo delizioso artista che è Giulio di Malta. Tornando alla poesia,tema specifico di questa breve presentazione, essa si avvale di uno strumento linguistico-il Vernacolo aiel-

lese che risponde ad una precisa scelta del nostro autore, anche
in questo coerente e consapevole che il poetare in lingua espone
sovente al duplice rischio dell'artificio retorico e della frigidità
accademica,"Vecchia Tebe"della nostra tradizione letteraria, secondo la felice espressione del Sapegno. Giulio nel corso di
un'attività misurabile,ormai,in decenni, è venuto limando e affi-
nando nel tempo lo strumento di cui si diceva,sfruttandone la
straordinaria ricchezza lessicale, ma affrontando anche notevoli
difficoltà di trascrizione fonetica-fino a ridurle ad una cifra di
esemplare essenzialità e a disvelare le sue insospettate
dolcezze,celate dietro uno schermo di apparente,aspra"legnosi-
tà"-Che trova, poi una sorta di eliotiano"correlato
oggettivo"nell'asperità dei dirupi e delle balze, delle "timpe e
delle forre"; asperità che, a mano a mano che lo sguardo si spa-
zia, si placa nelle linee distese e morbide delle colline, facenti
corona a quella sormontata dalla vetusta mole del Castello e de-
gradanti dolcemente nella vallata di "Guarno" lambi il Tirreno.
La raccolta che qui si presenta, allinea una serie di componimen-
ti dai contenuti profondamente radicati nella cultura materiale di
Aiello (con le sue campagne) e della vicina Cleto, l'antica Pie-
tramala, ad Aiello, per lunga vicenda di secoli organicamente legata. Si potrebbe paragonare, questa produzione, ad una enorme
"natura morta"gremita di oggetti ed utensili di uso comune nel
vissuto quotidiano delle famiglie contadine da una parte,e di ar-
nesi e attrezzi agricoli dall'altra,estendendo,questa nozione anche ai pesi e le misure granarie ed olearie. Tutto è giocato dunque,in un microcosmo compreso tra la casa rurale, luogo del
precario riposo al calore degli affetti familiari,e la campagna,tea-
tro della diuturna fatica del contadino,culminante nella mietitura
e trebbiatura del grano e nella raccolta e molitura delle olive.
Sfilano, così,dinnanzi ai nostri occhi, gli strumenti del lavoro ca-
salingo,   prevalentemente,   ma   non   esclusivamente

femminile,come attesta la ricorrente ritualità di un evento quale è l'uccisione del maiale (con la sua gioiosa e chiassosa coralità animata soprattutto dalla preminente partecipazione maschile)e quelli del lavoro dei campi, ossia "le opere e i giorni "di escodea memoria, obbedienti ascansioni e ritmi stagionali, ahimè sempre più sfuggenti ed inafferrabili. A questa duplice realtà, Giulio di Malta presta un'attenzione che non ha nulla di paternalistico e distante,essendo,al contrario, nutrita di cristiana enfatica immedesimazione. In tutto ciò è da ravvisare la "novità" della poesia dimaltiana;"novità" che sta non tanto nell'"andare verso il popolo", quanto nel "sentirsi popolo".

Amantea Agosto 2005

Franco Volpe

A CONFESSIONE GIULIU GIACOMINU E DON CICCIU CHIRIVINU

Il racconto è un ricordo della mia fanciullezza,una birichinata perpetrata unitamente a Giacomino Astuto, mio inseparabile compagno di classe e di banco alla quarta elementare, nonché collega di giochi e di malefatte infantili.

Il ricordo degli avvenimenti, se così si possono chiamare, che sto per narrare, è impresso indelebilmente nella mia mente perché, quando sono stato nell'età della ragione, mi sono reso conto della grande lezione di civiltà che il pio Sacerdote da a due terribili ''Pierini'' senza l'uso della violenza.

Quanto sto per raccontare, ripeto, è stato il primo grande insegnamento, di umanità, di educazione civica e familiare, dato da un anziano educatore di anime a due discoli ragazzini che, non solo hanno fatto delle birichinate, ma hanno cercato di nasconderle dicendo bugie e addossandole ad altri.

Siamo nel 1939, non ricordo se al mese di Luglio o di Agosto, Don Ciccio Chirivino svolge le mansioni di secondo sacerdote alla Parrocchia Madre di Santa Maria, facendo anche catechismo a noi piccoli.

Dai primi giorni di Gennaio, due volte alla settimana, andiamo a ripetizione di italiano dal sacerdote che ci cura amorevolmente e, quando ci sono belle giornate, ci lascia giocare nel suo orto giardino di Corso De Seta.

Nei giorni prestabiliti, dopo aver percorso parte della via principale e salito le scale di Rione S Francesco, prelevo il mio amico e compagno di banco Giacomino Astuto ed insieme ci rechiamo a casa Chirivino. Facciamo a gara, una volta giunti al portone, a chi arriva prima per suonare il campanello e la vittoria si alterna settimanalmente. Suonato il campanello scatta la serratura elettrica, si apre il portone e noi, con velocissima corsa, guadagniamo la stanza adibita a studio con il buon sacerdote che ci attende a braccia aperte con un sorriso accattivante e paterno.

"*Oie, sussurra a bassa voce. na cicculatina pped'unu e si un faciti erruri russi allu dettatu, due caramelle chine. Eccu e cicculatine, scartatile e mangiativille ca io signu prontu a dettare. Aviti dui minuti e tiempo ppe mangiare, pigliare a seggia, pigliare a pinna e llu quadernu ed essere pronti a scrivere. Fattu u compitu potiti jre a iocare intra l'uortu ccu l'altalene finu alle cinque*".

In tre minuti io e Giacomino ci rendiamo pronti a scrivere sotto dettatura, facendo attenzione perché, ogni errore rosso, viene punito con una bacchettata sulla mano destra e non è certo piacevole ricevere tali punizioni.

Finito il dettato,don Ciccio si siede sulla sedia del balcone e guardando un piccolo albero con i frutti quasi maturi, rivolto a me e a Giacomino, ci fa una lezione di civiltà e futurismo dicendo con voce flebile e paterna:

"*Guagliuni mie   aviti e studiare ppecchì u studiu ie lla cosa chiù mportante da società de mue. Guardamu chill'arburicchiu de nucipiersica giganti ca tene, a tri anni, già cchiù de nu kilu de fruttu. Sta cosa ie stata possibile ca prufessuruni, no certu ignoranti cumu Don Cicciu Chirivinu, hanu ottenutu, grazie allu studiu da chianta de piersicu pped'anni ed'anni. Ccu llu studiu e quindi ccu lla grande esperienza e canuscienza professionale, hanu capitu ca, faciendu inniesti ncruciati tra varietà, s'ottenanu frutti cumu chilli de l'arburicchiu   mio. Pped'esempiu, innestando a jemma du piersicu muscariellu supra u nucipiersicu tuostu e grandiciellu di Cannavali, pienzica, ie possibile ottenire nu nucipiersicu gigante comu chilli cinque ca tene llu chiantune de l'uortu mio. Guagliù! Un viju l'ura ca*

Al termine di queste parole a me e Giacomino non resta che
andarcene a casa. A malincuore abbandoniamo lo studiolo, entriamo in giardino, imbocchiamo il viale che porta al cancello di
uscita, ma non lo attraversiamo. Facciamo fermata nel viale
dove è ubicato il nocepesco con i cinque succosi frutti in
grande mostra di se e che ci invitano ad avvicinarci, a racco-
glierli, ad azzannarli per gustarne la bontà. Con l'acquolina in
bocca e con cattivi pensieri che ci passano per la mente, senza
tener conto   dell'atto deplorevole che commetteremo   racco-
gliendoli e mangiandoli, nei riguardi del sacerdote, che non
merita tale brutta azione, riprendiamo il cammino interrotto ed
usciamo dal giardino su Corso De Seta.

Il giorno,dopo alle quattordici,Giacomino arriva a casa mia e
nel "vaglio del portone" iniziamo a giocare a palla. Dopo una
mezzoretta di tiri e passaggi un po stanchi, smettiamo e ci sediamo sul primo gradino della scalinata per riposarci. Giacomino è pensieroso e stanco, e rivolgendosi a me mi chiede:

l'atri un ce pense due vote. Simu propiu jellati piglia u strumbu-
lu ca iamu a iocare alla chiazza suttana ccu Settuzzu Settechi-
riche e ccu Carru Giardinu".

Detto e fatto con lo "strumbulu" in mano lasciamo il portone di casa mia e ci avviamo verso Piazza Plebiscito alla ricerca di avversari da sfidare al gioco maestro di noi ragazzi. A metà discesa, Giacomino si ferma, mette lo "strumbulo"in tasca e mi fa:

"Jamu! Alla chitichella ricoglimu dui o tri nucipiersica e nni *dividimu, sinnò un truovu pace. Jamu fratè"*!

Conoscendo Giacomino, so che una volta che ha deciso di fare una cosa, difficilmente torna indietro, pur sapendo, inoltre, che era una cosa malfatta andare e per giunta di giorno a raccogliere le nocepesche, convinco il mio amico che non è il caso di fare l'operazione in piena luce, ma conviene attendere l'imbrunire anche perché Genuzza di Zia Laura, che assiste anche don Ciccio, ritirandosi il Parroco verso le ore ventuno non chiude anzitempo il cancello esterno del giardino.

Giacomino si convince che il mio ragionamento è cosa valida ed accetta l'idea che la raccolta delle nocepesche bisogna farla all'imbrunire lontani da occhi indiscreti. Oltretutto sussurro a Giacomino:

"Non ti dimenticare che nel periodo delle ciliegie molte volte *di notte i scapocchiuni   cchiù grandi de nui, hanu scaratu* *alli cerasa bumbini du giardinu"*.

"Giù, me dice con un sorrisetto, Giacomino si n'assu! Don *Cicciu, si ni mangiamu tutti cinque, i nucipiersica certamente* *predicherà abbastanza arrassusia, ma certamente un accuse* *nui guagliuni ma i soliti scapocchiunii. Giù! Si n'assu! Domani* *a prima sira appricamu u pianu. Mò jamu ca me pare d'avire* *vistu Carru èscere da casa e jre mberu a Chiazza Suttana.* *jamu biellu! Jamu biellu"*!

Pronunciando a bassa voce queste parole, comincia ad "allaz-

zare   u strumbulu" e, contemporaneamente   si avvia verso la
piazza seguito da me e fa tappa vicino al portone di casa Viola,
dove, nel frattempo, stanno già giocando Settuzzo, Carru e Mario Naccarato che è quello che ha il giocattolo, sotto tiro.

*"Volimu iocare puru nui grida ad alta voce rivolgendosi ai
contendenti. Jettamu u tuoccu n'atra vota ppe videre chin'adde
parare."*

Mario, che non sperava di ricevere tanta grazia, raccoglie il
giocattolo, lo pulisce, rimuovendo la terra che ha da una parte e,
rivolgendosi agli altri disposti a ruota dice:

"Ppe Settuzzu fi". Ciascuno di noi con la mano destra indica un
numero, si fa la somma e la conta e Carro sentenzia:

*"Tocche a tie parare, Giacomì! Para u strumbulu nterra ca mo
t'allisciamu u pilu!"Si centre lla pernata Settuzzu ccu llu cucuz-
zune ca tene, me sa ca te tocche a jre ndo Mastr'Attiliu a cumprare n'atru strumbulu".*

La partita con fasi alterne dura due ore circa allo scadere delle
quali non ci sono nè vincitori ne vinti in quanto che, a turno
tutti, per errori commessi, siamo stati costretti a parare l'attrezzo e ricevere le dovute pernate. A fine partita verso le diciassette e mezza Giacomino è andato a pigliare la palla lasciata nel
mio portone e fino a quando c'è stata luce, con l'arrivo di altri
ragazzi, facciamo due squadrette e giochiamo a calcio.

Quando tramonta il sole e le prime ombre della notte avvolgo-
no Aiello, poniamo termine alla partita con la palla e rientriamo
a casa.

Il giorno dopo prima di pranzo mi vedo in piazza ai giardinetti
con Giacomino e ci dedichiamo a giocare, con la compagnia di
altri coetanei, Mario Bennardo, Ugo Pirucchino, Settuzzo Aloisio, al salto dei "pistunetti" della villetta comunale e giochiamo
fino a mezzogiorno.

All'ora di pranzo, stanchi per le forze consumate a saltare "pistunetti," qualcuno alto   quasi a livello delle nostre spalle, con il mio amico   di spropositato malaffare decidiamo di vederci all'imbrunire onde mettere in atto il nostro piano d'assalto alle nocepesche di don Ciccio. Alle ore venti, quando il buio avvolge già tutt'Aiello, con Giacomino ci ritroviamo in vico San Francesco, dove c'è il cancello secondario della casa del sacerdote, che resta aperto quando don Ciccio ritarda per lavoro in canonica.

Ci guardiamo intorno e quando siamo sicuri di non essere visti da nessuno, ci introduciamo dentro il giardino e ci nascondiamo dietro il siepone che costeggia il viale dove, è sistemata la pianta di nocepesco. Stiamo buoni buoni dietro il siepone per circa dieci minuti fino a quando Genuzza, uscendo dal portone di zia Laura non saluta questa che rientra in casa e guadagna il cancello che porta alla sua abitazione nel vico adiacente il palazzo. Stiamo fermi ancora per un paio di minuti, poi partiamo all'assalto del piccolo tesoro agricolo. Pochi minuti e le cinque nocepesche finiscono nelle nostre tasche.

A raccolta effettuata, segue fuga repentina, badando di non perdere il bottino abbastanza voluminoso. Con due salti, guadagniamo "u catuoiu" della casa di Giacomino, dove consumiamo il primo pasto e nascondiamo, i restanti, in un "cacafuorchiu" alto dove si arriva con scaletta.

Terminata l'operazione assaggi e quella più importante di "ammucciata", guadagniamo, in pochi minuti, le nostre abitazioni, dandoci appuntamento al mattino dopo per consumare il resto del furto. Inoltre   c'era da stabilire il da farsi per evitare che venissimo sospettati di essere gli autori della porcata perpetrata ai danni del Parroco Chirivino.

La mattina dopo, verso mezzogiorno scendiamo a Santa Maria attraverso il Corso De Seta e passando davanti al cancello del giardino notiamo che nello stesso c'è un certo trambusto, ma evitiamo di fermarci e tantomeno di curiosare anche perché lo stesso Don Ciccio ci ha pregato di stare a casa fino a martedì e quindi non è il caso di operare in modo differente da quanto ci è stato esternato.

Mercoledi alle ore quindici con una grande faccia tosta, ci presentiamo a casa del Parroco e con nostro grande disappunto ad apertura avvenuta della porta di casa, anziché Don Ciccio ci apre Genuzza che con il dito sulla bocca ci fa segno di non proffer parola perché Don Ciccio stava riposando   in quanto durante la notte di sabato ha avuto uno stato di agitazione che lo ha costretto a stare sveglio fino all'alba. Detto questo ci invita ad andare a casa e ripassare giovedì sera.

A malincuore ed ostentando un certo turbamento, facciamo dietro fronte, raggiungiamo il giardino, il cancello principale e quindi il Corso De Seta.

Venerdi mattina e non giovedì, con la solita faccia tosta passa da casa Chirivino e si informa sullo stato di salute di don Ciccio da Genuzza che gli comunica, che il Parroco da lei messo al corrente della visita del mercoledi ci aspetta oggi alle quindici.

Alle quindici precise, suoniamo il campanello   e ci apre don Ciccio, che ostenta un sorriso forzato che noi fingiamo di non vedere recandoci di corsa, dopo i saluti, alle nostre sedie preparandoci con disinvoltura e grandi sorrisi a svolgere il solito compitino.

Nei rapporti con il sacerdote, non ci sono variazioni di nessun genere e la cosa ci tranquillizza molto perché, erroneamente, riteniamo che le nostre malefatte venissero ignorate. Con la solita faccia tosta, Giacomino, sorridendo chiede:

"Cumu ve sentiti, Don Cì, Genuzza, u miercuri, n'ha dittu ca un stavavu buonu e ninde simu juti. Mo cumu stati! Figlici!Staiu buonu. Staiu buonu. Mangiative a cicculatina ca dopu facimu u dettatu. Ve volie dare nu nucipiersicu pped'unu, ma un ìe possi-

*bile ppecchì un sacciu chine si l'hanu cuoti de notte bonusia.
Pace all'anima loru e chi u Signure i perdunassi. Figlici, me su
rimasti cca i nucipiersica, ma perdugnu i latri ca certamente ìe
gente ncamata".*

*"Don Cì! Con una gran faccia tosta, siti troppu buonu a perdu-
nare i malandrini ca s'hanu cuotu i nucipiersica! Siti troppu
buonu e me dispiace veramente de quantu ìe successu intra
l'uortu a simana passata. Sti malandrini meritanu sulu cauci
lla abbasciu. U fattu ìe ca un sapimu chine sunu. Don Cì ve prumintimu ccu Giuliettu ca si rescimu a sapire chine su stati i la-
trunculi vi lu riferimo."*

*"Grazie, figlicì! Grazie. Io haiu già perdunatu e sapire chin'ìe
statu un tantu me nteresse. Ve ringraziu u stessu e un pensamu
cchiù allj nucipiersica. Sinde parre natr'annu si u vue llu Signure"*

Apre una pagina del libro che è sul tavolo e ci ordina:
"Scriviti". Passano i giorni di Agosto e Settembre e pur frequentando due giorni alla settimana lo studio e il giardino di
Don Ciccio nulla succede e tantomeno si parla più delle nocepesche sparite.

Il primo di Ottobre, inizia l'anno scolastico e con Giacomino
compagno di banco e don Peppino Vocaturo maestro insegnante
iniziamo il nuovo anno scolastico. Don Peppino è un insegnante
bravissimo e tutti gli allievi siamo costretti ad impegnarci moltissimo onde evitare castighi severissimi da parte dell'insegnante.

Senza che succedesse più niente arriva il 10 Novembre e nella
nostra classe alle ore 10 arriva don Ciccio Chirivino per svolgere le sue mansioni di sacerdote a cui don Venturino Caruso,
Arciprete di Santa Maria ha affidato la preparazione per fare la
prima comunione degli alunni della nostra classe. La preparazione consiste nel fare un corso speciale di catechismo ed è tenuta

un giorno alla settimana nella Chiesa Madre dalle otto e trenta all'una. Tutti noi dobbiamo frequentare il corso anche se la comunione la potranno fare solo i ragazzi che hanno dieci anni compiuti.

Nella mia classe la maggior parte dei ragazzi hanno dieci anni compiuti. Giacomino è uno di questi io no ragion per cui partecipo al corso ma non posso fare la prima comunione. La preparazione avviene in modo egregio con tutti noi impegnati a seguire i dettami del Sacerdote e senza intoppi giungiamo ai primi di Dicembre a pochi giorni dall'immacolata.

Due mattine prima dell'otto dicembre don Ciccio decide di procedere alla confessione di tutti gli scolari sia i comunicandi che i non. Quanto deciso da Don Ciccio non piace a Giacomino e soprattutto a me che non dovendo fare la prima comunione, non ho l'obbligo di confessarmi oltretutto con una persona vittima delle nostre birichinate.

Ritiratici in un angolo della canonica con Giacomino passiamo in rassegna la situazione e non troviamo una soluzione valida e tale che a causa del sacramento della comunione, noi potessimo nascondere al confessore la verità. Dopo aver analizzato le varie possibilità che abbiamo oltre all'eventuale bugia ed aver constatato che è necessario, in confessione, dire la verità affrontiamo la battaglia con una certa serenità dovuta alla nostra incoscienza e malandrineria.

Il sacerdote si chiude nella canonica seduto su una sedia ad uno ad uno confessa i comunicandi. Io ed il mio compagno lasciamo passare tutti i ragazzi e restiamo per ultimi. Giacomino, preoccupato, vorrebbe che fossi io ad entrare quando don Ciccio dice ad alta voce:

"Avanti n'avutru. Facimu priestu ca tiegnu cchi fare!Iamu bielli, sotto a chi tocca".

Naturalmente io sono inflessibile e non solo gli faccio capire che prima doveva entrare lui, ma, con velocità supersonica, lo spingo di colpo all'interno della stanza.

Giacomino, fulminandomi con un'occhiata assassina chiude la porta e per più di cinque minuti sta dentro la stanza ed io tremo temendo conseguenze gravi. Non è così perché quando apre la porta ed esce, Giacomino è tranquillo e quasi sorridente ed oltretutto, muovendo la testa, mi invita ad entrare con una certa tranquillità dicendomi: "diciace a verità".

Faccio come mi è stato suggerito e sciorino al sacerdote le mie malefatte compreso il furto delle nocipescche. Don Ciccio mi accarezza e con una voce amichevole e paterna mi dice:

"Figlicì, cinquanta pater, cinquanta ave Maria e cinquanta credo". Mi da l'assoluzione e prima che io mi alzassi a bruciapelo mi chiede: *"De chine ìe stata l'idea. A tua o de Giacominu"*.

Repentinamente rispondo: *"De tutti due, Don Ci. De tutti due. Bene, bene pue nde parramu dopu e prime comunioni, v'aspiettu allu studiu, ve raccumandu de un mancare"*.

Qua terminerebbe il racconto se non ci fosse la necessità di riferire, così com'è avvenuto, il discorso tra Giacomino ed il Sacerdote nei cinque minuti della confessione. Sarebbe un'ingiustizia non far conoscere agli aiellesi di oggi e di domani, la grande saggezza ed umanità dei vecchi Sacerdoti come don Ciccio Chirivino che hanno fatto da educatori a diverse generazioni di cittadini.

La conversazione la trascrivo così come mi è stata riferita da Giacomino anche con le sue considerazioni e conclusioni. Quindi torniamo alla canonica quando Giacomino entra, si siede ed attende di poter iniziare il discorso.

"Figlicì, diciame tuttu senza te spagnare ca un te mangiu. Giacomino, in meno di un minuto fa l'elenco dei suoi peccatucci e quindi si ferma con lo sguardo rivolto a terra. Tuttu ccà mormora il confessore. Un c'iè cchiù nente".

Giacomino non risponde ma guardando sempre a terra, fa capire a don Ciccio che c'è ben altro ma non può raccontarlo essendo un fatto molto grave.

"Figliciellu mio"! Mormora a bassa voce, il confessore, *"si un me dici c'ha cumbinatu un te puozzu dare l'assoluzione e un te pue fare a prima comunione. Diciame, biellu un te spagnare, C'ha cumbinatu ca un u pue cuntare"*!

"Don Ci si vu dicu me pigliati certamente a cauci intra u... "Basta. Basta lo ferma il Sacerdote, *diciame ca un te tuoccu. Diciame figlicì"*

"Don Cì, un vu puozzu dire" e si accinge ad alzarsi per andar via. *"Un vu puozzu dire".* Il vecchio gli mette la mano sulla testa e con voce calda e paterna gli sussurra: *"Te fidi e Don Cicciu Chirivinu figlicie. Diciame".* Giacomino ci pensa due secondi quindi con voce tremebonda e faccia triste chiede:

"Iurati ca dopu ca ve dicu a verità un me minati"! Va bene. Va bene. Sentimu. La faccia sorridente del vecchio tranquillizza il ragazzo che tutto d'un fiato esclama:

"I nucipiersica de l'uortu vuostru ni l'avimu mangiati io e Giuliettu" e libera un lungo sospiro liberatorio. Don Ciccio gli mette la sua mano sulla testa, lo accarezza, gli elenca le preghiere da recitare per guadagnare l'assoluzione e lo aiuta ad alzarsi trattenendolo per il braccio e prima di lasciarlo uscire gli dice:

"Giacomì, iè tantu tiempu ca staiu aspettando ca tu o chill'atru malandrinu de Giuliu, me cuntassivu a verità ca io sacciu de tantu tiempu. Ve perdugnu e ve ringraziu ppecchi sarebbe statu veramente na brutta cosa ppe vvui e ppe mie si un me diciavu a verità ammucciandula ancora".

Aiello Calabro periodo Luglio/Agosto 1939

RADIU LONDRA
GENUZZU, VALERIU, I CONFINATI E RADIU LONDRA

Siamo nei primi giorni del 1942, l'Italia, governata dalla Dittatura Fascista, è in guerra contro gli" Alleati Inghilterra e Francia, a fianco di Hitler, Capo del terzo Raich. Vigendo lo stato di guerra, gli esponenti, italiani, dissidenti verso la Dittatura, per lo più Socialisti e Comunisti, per ragioni di sicurezza, vengono prelevati singolarmente dalle Città dove risiedono ed allontanati, confinati, in Regioni diverse, alquanto lontane da quelle ove risiedono o hanno interessi principalmente economici.

Esiste e vige, per loro, un tremendo decalogo di leggi di guerra che non prevede processi, ma l'applicazione immediata di norme e pene severissime già stabilite, da applicare senza possibilità di fare opposizione o chiedere rinvii. Pene gravissime, sono anche previste per chi, militare o civile, pur sapendo e dovendo, non fa rispettare le norme e le leggi esistenti.

I confinati, singolarmente e senza il conforto della famiglia, vengono prelevati e d'ufficio inclusi nelle liste dei residenti dei paeselli montani dell'Italia Meridionale dove, erroneamente, si ritiene che la contestazione sia di lieve entità e l'isolamento un deterrente politico e sociale efficace e determinante.

La sopravvivenza civile e la tutela delle persone confinate, è affidata ai Segretari Politici, che purtroppo non sempre sono all'altezza dei compiti loro affidati e spesso, a causa del loro fanatismo politico, che li spinge ad esercitare sempre su gente pacifica ed inerme la legge del più forte. Così facendo, inoltre rendono la vita degli affidati impossibile, dura, spesso inumana, durissima, isolandoli, maltrattandoli e facendo pesare enormemente la loro scelta politica.

Aiello Calabro, grosso paese della Media collina calabrese con

i suoi settemila abitanti, è un agglomerato scelto dal Governo
dell'epoca per ospitare confinati politici, certamente, per il fatto
che è ritenuto idoneo. Infatti è un grosso Paesone dove non c'è
contestazione politica ed i sovversivi se ci sono, stanno ben rintanati in casa e d'età avanzata.

Sopratutto la Caserma dei Carabinieri è dislocata nel "Centro
abitato" con vie e vicoli accessibili e facilmente controllabili.
Segretario Politico è Eugenio Belmonte, Segretario Comunale
del Circondario che comprende anche i grossi Borghi di Cleto e
Serra d'Aiello.

Podestà è il Notaio Gaetano Solimena. Ad Aiello, inoltre, risiedono altri professionisti, ritenuti persone di grande fede fascista
e da qualche settimana anche mio padre Valerio. Capitano del
Regio esercito, reduce in congedo, per meriti familiari di guerra.
Ex Segretario Politico, ingegnere esercitante, mio padre, per
amicizie contratte nella Grande Guerra 1915-1918 sul Carso,
sul Montegrappa, sul Piave e Gorizia, è persona molto amica dal
Prefetto e dal Capo Manipolo Fascista di Cosenza, commilitoni
e suoi grandi estimatori.

Al Comune di Aiello, con l'etichetta di confinati politici vengono destinati, tre dissidenti del Nord e Centro Italia, elementi ritenuti appartenere alla schiera di cittadini socialmente pericolosi e
capaci di creare guai grossi per la pubblica incolumità. Un professore di chimica docente all'Università di Padova ultraottan-
tenne di cognome Apolloni, un comunista bolognese dalle note
caratteristiche "pericoloso sovversivo", di cognome Dozza ed un
socialista di Anagni, di cognome Milano, contestatore, antifascista di vecchia data.

I tre, a cui è garantita dalla Stazione dei Carabinieri e dal responsabile politico del luogo l'incolumità fisica e dal Podestà di
Aiello, le sovvenzioni economiche mensili per condurre,dal punto di vista esistenziale, un tenore di vita medio borghese, hanno

trovato abitazione presso alcune famiglie del luogo in camere singole o in appartamentini separati, ma al "Centro" del paese.

Tutti e tre i Confinati, una volta insediati nella nuova realtà esistenziale, essendo certamente, idealisti amanti della libertà e non sovversivi, si comportano in modo esemplare sotto tutti i punti di vista osservando, giornalmente, i dettami delle leggi di guerra.

Sono tutti e tre persone pacifiche e quindi socializzano con la gente del luogo che li affianca e aiuta, per quanto è possibile, senza far loro pesare la gravosa prigionia a cui sono sottoposti. Infatti, proprio per il loro comportamento esemplare, i tre, possono fare la passeggiata serale lungo tutto il corso De Seta, recarsi al tabacchino, al negozio sito in piazza, recarsi, senza chiedere il permesso, al Comune per parlare col Podestà o con il Segretario Politico, a seconda della bisogna.

La guerra imperversa in Africa ed in Europa con alterna fortuna ma ad Aiello, che,ha dato un grande contributo di uomini alla Patria, regna una certa tranquillità.

Sono rimasti in paese i vecchi, le donne, i bambini,gli invalidi e gli uomini indispensabili alla sopravvivenza della comunità.

Per dovere di cronaca c'è da precisare che i primi due mesi per i tre Confinati la vita non è stata alquanto rosea e facile. Infatti sono stati sottoposti, specie dai Carabinieri ad asfissianti controlli diurni e notturni a salvaguardia dell'incolumità generale delle famiglie ospitanti alle quali, con quel genere di credenziali che i tre avevano nessuno poteva garantire niente.

Dal terzo mese al sesto tutto è filato liscio anche perché il Maresciallo Comandante la Stazione dei Carabinieri, una volta resosi conto che i tre erano sovversivi politici ma non delinquenti ha rallentato la pressione asfissiante e la vita meno dura agli ospiti politici.

Se chiudo gli occhi e mi concentro ancora oggi vedo in lontananza seduto su una vecchia poltrona ad uno degli angoli del vecchio balcone di rione San Francesco la ieratica figura del vecchio e barbuto Professore intento a leggere qualcosa. Vedo Giacinto Dozza e Francesco Milano pronti a giocare a carte con me Ciccio e Geniale Volpe ragazzini, nel portone o nel giardinetto sottostante l'abitazione di piazzetta san Giuliano fino all'imbrunire. Infatti, mentre il Professor Apolloni abitava sul Corso de Seta di fronte alla fontana di Rione San Francesco i due giovanissimi "Sovversivi" abitavano in casa dell'impiegato comunale Raffaele Volpe in due stanzette diverse su piani separati. Insomma, io ricordo che noi ragazzini, quando non giocavamo a pallone in piazza santa Maria dando vita a lunghissime sfide rionali, oppure al gioco dello "strumbulu" o a quello dei "pistunetti" alla villetta comunale, andavamo a giocare a casa Volpe.

Fatte queste precisazioni utili e necessarie per non essere fraintesi o raccontare bugie, torniamo ai nostri confinati ed al loro comportamento irreprensibile, ma non troppo che per un nonniente non ha degenerato e creato gravissimi problemi per "carcerati e carcerieri".

Pur comportandosi, giornalmente bene i Confinati, nei primi giorni dell'anno, compiono, non sappiamo se i due giovani o l'anziano professore una marachella che poteva costar cara, ripeto, a carcerati e carcerieri.

Il peggio non è avvenuto perché le autorità politiche comunali e provinciali si sono comportate da persone perbene, lungimiranti e non fanatici intolleranti e vendicativi. Probabilmente, ogni venerdi sera all'insaputa di Carabinieri, Segretario Politico Belmonte ed Ingegnere di Malta, suo aiuto e tutta la Famiglia Volpe, i due giovani Confinati, ascoltavano Radio Londra.

L'ascolto, non solo era proibito, ma essendo l'Italia, in tempo di guerra era considerato un gravissimo reato, punibile anche, con il carcere e l'internamento, in un campo di concentramento riservato ai nemici del Regime dove la vita non è facile e si è sottoposti a prevaricazioni inaudite, punizioni quasi inumane e cibi scarsi e schifosi.

Nei primi giorni della seconda settimana del mese di Aprile il Segretario Belmonte riceve una lettera di servizio con la quale l'ufficio politico della Prefettura lo invita, unitamente all'ingegnere di Malta, a recarsi con una certa urgenza al Palazzo del Governo dal Capomanipolo per comunicazioni politiche. I due, con la nostra vecchia Balilla, il giorno dopo si recano, come richiesto all'ufficio politico e subito, vengono ricevuti dal Capomanipolo in persona che, dopo un cordiale saluto con susseguente stretta di mano, li invita ad accomodarsi nelle due poltroncine vicino alla scrivania. Con calma ed un sorriso accattivante, estrae dal cassetto della scrivania la sua borsa personale, estrae una cartella, la apre e con voce amichevole si rivolge ai due ospiti e sussurra:

"Caro Eugenio e Valerio, non mi piace quanto succede ad Aiello, da tre mesi circa ogni venerdì sera sono cose inaudite e di una certa gravità che potrebbero avere gravi conseguenze anche per noi".

Con poche e chiarissime parole li mette al corrente di quanto risulta a lui stia accadendo nel Centro Storico del Paese di Aiello ad opera dei Dissidenti Sovversivi ivi confinati. Ogni venerdì sera, uno o due di loro sono in ascolto di Radio Londra. Reato gravissimo, punibile con la deportazione ed il carcere se dovesse essere vero e denunzia penale con l'accusa di collaborazione con il nemico per i responsabili e le autorità politiche negligenti. Quindi, estraendola dalla borsa e dalla busta, mostra loro una lettera proveniente da Aiello Calabro,di un cittadino, loro compaesano che si professa fascista di vecchia data. La lettera è priva di firma perché il compilatore teme per se e la sua famiglia delle pericolose reazioni dei dirigenti politici del Paese, che non sono certamente all'altezza della carica che occupano e, probabilmente, non sono neanche convinti e fedeli seguaci delle idee fasciste.

Mio Padre ed il Segretario Belmonte, restano allibiti e senza fiato dopo la lettura della missiva e la girano e rigirano più di una volta fra le mani alla ricerca di qualcosa che possa delucidare l'accaduto certamente assai grave ed inaspettato.

Dopo qualche minuto di lettura e rilettura del contenuto ed analizzazione della calligrafia con movimenti di stupore manifestati dagli sguardi attoniti che si scambiano e dai movimenti continui di dissenso manifestati dai movimenti continui delle mani, la lettera ritorna nelle mani del Capomanipolo che la ripone nella busta e quindi nella borsa.

Ad operazione terminata vedendo i due aiellesi in preda ad una grande apprensione chiudendo la borsa nel cassetto della scrivania si rivolge a mio padre e con voce calda e fraterna,gli dice:

"Valè, sursum corda, se non ti conoscessi per quello che sei stato e sei ancora, vi avrei mandato non i Carabinieri, ma i Servizi. Ragioniamo sui fatti e vediamo il da farsi per evitare uno scandalo che non servirebbe a niente se non a gettare fango sul Fascismo".

Quindi il Capomanipolo, rivolgendosi ai due aiellesi ed in modo particolare a mio padre soggiunge:

"Valè! Senza ne perdere in chiacchiere inutili passamu in rassegna la situazione politica c'aviti ad Aiello e poi decideremo il da farsi."

Quindi, fra le due parti, inizia un dialogo sul come, quando, perché, per come cercando di capire da che parte venisse l'accusa, ignorata certamente dalla maggior parte dei cittadini.

Il colloquio e la discussione fra i tre dura a lungo, anche perché pur passando in rassegna, tutte le sfaccettature dell'insolita ed inimmaginabile situazione non si arriva a nessuna verità concreta accettabile.

Ad Aiello, fino alla giornata odierna non risulta esserci un cittadino antifascista che cerca di operare in modo netto contro il Regime e contro i Dirigenti politici dell'epoca.

La lettera è certamente opera di qualcuno che vuole destabilizzare le autorità politiche di Aiello, oppure colpire la famiglia di Malta o Belmonte per invidia o inimicizia. Questo perché scrivere una lettera come quella mostrata dal Capomanipolo e spedirla a Cosenza, ha avuto un solo significato. Servendosi della debolezza di uno o due persone costrette a vivere lontani dagli affetti familiari, per colpa di un ideale apportatore di prevaricazioni e sofferenze si è cercato di colpire soprattutto i Dirigenti politici aiellesi in modo pesante che poteva portare a dover prendere provvedimenti pericolosi per tutto un Parentato.

Dopo più di un'ora di intrattenimento e discussioni senza valide conclusioni il Responsabile Provinciale alzandosi dalla sedia e portandosi al centro stanza dice: "ragazzi mi raccomando svolgete le indagini che necessitano nel modo che ritenete opportuno, ma cercate nel più breve tempo possibile di darmi una verità inconfutabile e valida. Accertate se i fatti sono veri e quali sono le soluzioni che bisogna adottare, per chiudere senza far baccano il caso. La lettera non può essere cestinata senza un valido motivo. Se il fatto è vero interneremo i Confinati nel Campo di punizione di Ferramonti."

A questo punto, mio padre che dava del tu al capomanipolo per i loro trascorsi guerra interviene in modo drastico e categorico:

"Calma ragazzi" grida con voce ferma ed autoritaria. *"Capo"*, soggiunge con voce accattivante, *"se interniamo i Confinati a Ferromonte, condanniamo a morte certa il professor Apolloni. Sarà un guaio serio perché ne faremo un "Martire della Libertà" e dell'antifascismo perché il suo fisico già cagionevole non*

reggerà alle privazioni a cui sarà sottoposto. Nessuno ci toglie-
rà da sopra le spalle l'infamante etichetta di "Boia Torturatori"
di gente inerme e malata, di "Carnefici del Regime e questa è
una condanna che non meritiamo nè noi, nè i cittadini di Aiel-
lo".

Per una buona mezzora i tre discutono, ma non trovano una soluzione senza pecche e pericoli politici non controllabili.

Col passar del tempo si rendono anche conto che non è il caso
di generare un pandemonio che procurerebbe, certamente, conseguenze gravi per tutti nessuno escluso perché con le leggi di
guerra non si può scherzare.

Per cinque o sei minuti regna nella stanza un silenzio tombale
con il Capo che scarica l'adrenalina passeggiando da una parete
all'altra della stanza.

Improvvisamente con mossa repentina si avvicina al tavolo,
prende la lettera la fa a due pezzi e con l'aiuto di un cerino la riduce a cenere. Quindi rivolto al Segretario Belmonte con tono
autoritario ordina:

"Non si può fare diversamente. Voi due non avete letto niente e
siete stati convocati da me per chiarimenti su alcune questioni
politiche che bisogna analizzare e risolvere al più presto. Una
volta tornati in Paese, con discrezione svolgete le indagini atte
a dipanare la matassa e venite a riferire personalmente a me il
frutto delle vostre scoperte. Immediatamente, senza far trapela-
re alcuna notizia, bloccate ogni possibile recriminazione evitan-
do che qualcosa giunga alle orecchie dei Carabinieri perché
sarebbe un guaio di grossa portata. Il caso diventerebbe compe-
tenza del Ministero degli Interni con l'intervento dei Servizi Se-
greti cosa certamente poco piacevole".

La mattina dopo, i due cugini alle undici ora in cui avviene la
firma giornaliera dei due Giovani Confinati si fanno trovare al
Municipio e quando, a firma avvenuta, si accingono a guadagna-

re la porta di uscita, mio padre, seduto ad un tavolo impegnato a leggere un documento li convoca a se e con voce paterna dice loro:

"Con Eugenio, abbiamo necessità di riempire un questionario che riguarda le vostre eccellenze alle ore sedici presentatevi tutti e due a casa mia che vi offriamo il caffè e compiliamo il documento. Cercate di essere puntuali e se vi dovessero incontrare i Carabinieri fatevi accompagnare che chiariremo noi ogni cosa".

Puntuali, alle ore sedici circa i due giovani si presentano alla porta entrata di casa di Malta e suonano, premendo il pulsante del campanello, per annunciare il loro arrivo.

"Avanti. Avanti la porta è aperta, accomodatevi ed entrate nel mio studio imboccando la porta a destra."

I due eseguono l'ordine ricevuto e si trovano di fronte ai due responsabili politici di Aiello.

"Accomodatevi che subito passiamo alle domande che dobbiamo sottoporvi ed alle quali dovete rispondere chiaramente senza nulla nasconderci" soggiunge il Segretario Belmonte, sfoggiando un cordialissimo sorriso che i due ricambiano. Dopo essersi informati del più e del meno ed aver appreso che non avevano alcuna lamentela da fare, perché i cittadini di Aiello non erano ostili e cattivi con loro, a bruciapelo arriva la frecciata domanda:

"Chi di voi due, ogni venerdì sera, alle ore ventuno, ascolta Radio Londra! Lo sapete che il semplice ascolto è un gravissimo reato che comporta, per le vigenti leggi di guerra, una condanna esemplare immediata senza possibilità di ricorso con deportazione in un campo di punizione dove la vita non è facile" aggiunge mio padre *"State rischiando l'internamento tutti e tre al Campo di Ferramonti con la perdita dei privilegi che con il lineare comportamento vi siete guadagnato. Se dovessimo accertare che è vero per non essere incriminati di essere anche*

noi siamo dei sovversivi, siamo costretti a denunciarvi ai Carabinieri che faranno il loro dovere senza pietismo e sconti."

I due giovani Confinati non manifestano segni di sbigottimento e resistono, per un buon quarto d'ora, al quinto grado al quale sono sottoposti e negano il "misfatto" di ascoltare la trasmissione della Radio Inglese che al Ministero della Difesa Italiano, conoscono come mezzo che da ordini in codice alle spie sparse in Olanda, Francia, Germania ed Italia.

Ma quando il Belmonte estrae dalla tasca una lettera scritta a macchina copia quasi esatta di quella letta a Cosenza, i due giovani, impauriti vacillano, si rendono conto dei rischi a cui vanno incontro ed ammettono la loro colpa. Dichiarano di essere pronti ad assumersi ognuno singolarmente le proprie colpe ed a pagarne le conseguenze qualunque esse siano, ma non assicurano di rinunciare all'ascolto, mai e poi mai qualunque fosse il fio da pagare.

Questa decisione fa calare un silenzio tombale nella stanza interrotto, dopo pochi minuti dalla voce del Segretario Belmonte che rivolto ai due, sogghigna:

"Volete la guerra e così sia".

Pur tuttavia è necessario che vi rendiate conto del terremoto che verremmo a generare se io ordino ai Carabinieri di procedere al sequestro della radio in vostro possesso. Vi rendete conto che in paese ed a Cosenza si saprà il perché ed il percome io ho adottato e saranno guai seri per voi tre perché le Forze dell'ordine immediatamente interverranno e compiranno il loro dovere senza esitazioni o sconti. Domani mattina all'alba Voi tre sarete prelevati e trasferiti nel campo di Ferramonti e sottoposti ad isolamento e carcere pesante. Volete, voi, condannare a morte il professore Apolloni? E'che alla sua età si sopportino le privazioni e i disagi che comporta l'internamento in un campo di punizione per sovversivi. Pensateci bene. Se volete che io sequestri la radio, sono disposto a farlo, ma non posso evitare il resto. Pensateci bene ed alla svelta cerchiamo di trovare una soluzione.

A questo punto inizia vengono passate in rassegna le varie soluzioni che si prospettano, per risolvere il problema in modo definitivo e tale da non scatenare interventi esterni pericolosi per tutti, carcerieri e carcerati anche perché gli autori della lettera anonima non era gente da sottovalutare ed al minimo errore si sarebbe certamente mossa essendo gente senza scrupoli arrivista e menefreghista pronta, certamente a colpire ed eliminare dalla scena politica i due Dirigenti aiellesi.

A partire dal venerdi della settimana seguente, a turno, unitamente al Segretario Belmonte, alle ore ventidue recandosi alla chetichella alla casa padronale dello stesso, ascolta "Radio Londra" a basso volume. La soluzione adottata non fa correre rischi perché e pur vero che la casa è a fianco strada, ma le abitazioni più vicine si trovano a oltre cinquecento metri di distanza e la sera si circola solo per necessità.

Finita la guerra e caduto il Fascismo i tre Confinati lasciano Aiello dove si insedia un Commissario Prefettizio che hadi Aiello con i Borghi di Cleto e Serra d'Aiello, non ricordano certo con piacere. Questo Gruppo di controllo è composto perlopiù da gente che usa il potere per vendicarsi di nemici personali senza rispetto per niente e per nessuno, denunciando alle autorità giudiziarie chi nascondeva, soprattutto,per sfamare i figli, anche pochi kili di derrate alimentari.

La fine della guerra comporta per Aiello con il ritorno dei militari sopravvissuti e prigionieri nei Campi di Concentramento Anglo Americani una ripresa economica che con gli aiuti del Piano Marchall è stata eccezionale e velocissima creando un certo benessere rispetto ad alcune Nazioni Europee anche vincitrici del Conflitto Mondiale.

Solo per il Segretario Belmonte e parzialmente per mio Padre, dopo qualche mese, ci sono stati problemi seri che hanno messo in pericolo il futuro della famiglia e dei figli.

Il Commissario Prefettizio di Aiello per una legge vigente nel dopoguerra, ha dovuto mandare sotto Processo l'ultimo Segretario Politico del P.N.F. e siccome era anche impiegato dello Stato automaticamente è stato sospeso dal prendere lo stipendio.

Non so quanti mesi il Segretario Belmonte sia rimasto senza stipendio e con sulle spalle un processo penale per non sappiamo quali crimini di guerra. Con certezza conosco la conclusione del procedimento preliminare che ha portato alla chiusura delle indagini perché l'incriminato e stato scagionato da testimonianze di antifascisti dell'epoca vissuti ad Aiello Calabro negli anni delsecondo Conflitto Mondiale.

So che l'avvocato Orlando Mazzotta, difensore del Belmonte e di altri Gerarchi Fascisti, quando ha scoperto che Aiello aveva avuto tre Confinati Politici che non avevano creato problemi di comportamento ed erano stati trattati bene dalle autorità politiche, li ha convocati a testimoniare.

Pur tuttavia non so se Giacinto Dozza o Francesco Milano si sia presentato a deporre o se lo hanno fatto tutti e due. Quel che è certo e che chi ha testimoniato, si è comportato da persona perbene ed ha detto la verità riguardo alla prigionia che non ha apportato loro prevaricazioni ne da parte delle autorità politiche, nè dai cittadini che li hanno rispettati ed aiutati a non sentirsi estranei e confinati

La morale della favola è facile a descriversi: "Anche in un pantano putrido e puzzolente può vivere e vegetare un fiore profumato." Con la testimonianza i due Confinati hanno restituito alla Cittadina di Aiello quello che Aiello aveva loro dato nel momento del bisogno.

Aiello Calabro 1941-42

APPENDICE al Racconto dell'Autore

Il contenuto di questo Racconto, mi è stato tramandato da mio Suocero Eugenio Belmonte che nel 1941 oltre che Segretario Comunale era Segretario Politico del P.N.F. in Aiello Calabro.

Lo trascrivo come mi è stato narrato, senza secondi fini o rivendicazioni politiche o di parte, ma solo per mettere in risalto la lealtà di cittadini aiellesi, che non hanno approfittato del potere nelle loro mani ed hanno agito sempre con onestà e lealtà verso gli altri.

Lo trascrivo anche per precisare e mettere in risalto che il "Mondo" per fortuna, in tutte le epoche, è stato ed è anche di persone perbene che si sono comportati onestamente quando loro è stato chiesto di dire e confermare la verità storica di un momento della loro vita, necessaria per non ledere persone che precedentemente, anche a rischio della loro esistenza, si sono comportati onestamente e civilmente. Uomini di potere che con rispetto senza tradimento alcuno, hanno evitato che in nome di una giustizia sociale che leggi inumane imponevano firmando una possibile condanna a morte per cittadini onesti rei di non condividere credi ed idee politiche diverse da quelle dei Governanti dell'epoca.

Io non so se sia stato Dozza o Milano a Testimoniare quando, come e dove, so solo che Orlando Mazzotta, facendo uso dell'escamotage dell'ascolto di Radio Londra una volta alla settimana da parte di due giovani che non possono servirsi dell'ascolto per ricevere messaggi cifrati hanno salvato Confinanti e Confinati.

I Confinati da una morte certa del Prof Apolloni se trasferito nel "Lager" di Ferromanti ed i due giovani, da conseguenze gravi con privazioni, punizioni, giornate non certo piacevoli, Aiello e i suoi abitanti, di epiteti storicamente infamanti.

La morale della favola è facile a descriversi: "Anche in un pantano putrido e puzzolente può vivere e vegetare un fiore profumato." Con la testimonianza i due Confinati hanno restituito alla Cittadina di Aiello quello che Aiello aveva loro dato nel momento del bisogno.
Aiello Calabro 1941-42

Visita ad Aiello del "Capomanipolo" ed Autorità del Fascio

L'EROICA BALILLA DI CASA TRAPUZZANO TITO, GIULIU A BALILLA E LLU VIAGGIU DE GUERRA

Sei Settembre 1943 una vecchia ed impolverata Fiat Balilla Quattro Marce si ferma dinnanzi al Bar Renzelli di Cosenza all'incrocio di Corso Mazzini con Viale Trieste. Si apre lo sportello del reparto guida e dalla macchina scende, con la nera divisa imbiancata dalla polvere, un piccolo Ufficiale dei Carabinieri. E' il Tenente Franco Niccoli, da Nocera Terinese, che rientra da Roma dove, la settimana prima, è stato mandato in missione dal Comando Territoriale dell'Arma di Catanzaro.

Con il movimento della mano ordina agli altri tre occupanti il veicolo di scendere a loro volta e li invita a raggiungerlo nei pressi del parafango sinistro. della piccola vettura. Senza togliersi il logoro guanto in dotazione, da una ripulita alla vernice, quindi, rivolgendosi a mio Nonno ed al Carabiniere, suo subalterno, baciando la vernice semi pulita, dice :

"Don Vespasià su merite. Gli dobbiamo la vita, non solo perché ha compiuto il suo dovere portandoci in salvo, ma principalmente perché, lungo il percorso, non si è mai fermata e, piano, piano, ci ha portato a casa sani e salvi. Ve l'immaginate voi cosa ci sarebbe capitato se durante il mitragliamento, dopo Castrovillari dei caccia alleati, che hanno distrutto l'autocolonna tedesca, si fosse fermata. E' meglio non pensarci. Andiamo a pigliarci un caffè e ringraziamo il Signore che ci ha aiutato in questo folle percorso. di guerra che io ho dovuto fare in obbedienza agli ordini ricevuti e voi, alla vostra età, avete affrontato con coraggio, per ricondurre a casa il nostro Giulietto, che, mi auguro, si ricordi sempre di noi tutti e non sia costretto a trascorrere giornate e nottate come quelle che, per grazia di Dio, ci siamo lasciate per sempre alle spalle. Don Vespasià, offrite

un caffè a noi carabinieri e un bel pezzo di dolce al nostro im-
pavido Giulietto, dopodiché riprenderemo il viaggio con desti-
nazione Cleto, dove, vi aspettano i di Malta ed i Trapuzzano
certamente in ansia".

Fatta questa premessa e precisazione, prima di iniziare a raccontare i fatti così come sono avvenuti senza modificarne una
virgola, è necessario descrivere bene la situazione, storico geo-
grafica del periodo post 25 Luglio 1943.

L'Italia, guidata dal Maresciallo Badoglio, per incarico del Re,
è ridotta politicamente un colabrodo. L'esercito è allo sbando
ovunque. Al Centro ed al Nord Italia, regna il caos in quanto le
bande partigiane, ben organizzate, rendono dura ed impossibile
la vita agli eserciti dell'Asse".

Tutte le città italiane da Milano a Reggio Calabria subiscono
terrificanti bombardamenti aerei. I paesucoli di montagna del
Meridione, sono pieni di "sfollati" per lo più provenienti dal Lazio e dalla Campania dove regnano oltre all'anarchia, la fame, la
solitudine, lo sciacallaggio. Le navi alleate completano l'opera
scaricando ogni notte, senza tregua, sulle popolazioni inermi
delle zone marittime da Salerno in giù, migliaia di colpi di can-
none indirizzati a casaccio e su zone dove non esistono obiettivi
militari. Questo, perché, con la scusa di voler colpire punti stra-
tegici, si terrorizzano gli abitanti che si rifugiano in tunnel e
grotte scavate nella roccia e nel tufo per difendersi e e far dormire principalmente i bambini.

Di giorno l'aviazione alleata terrorizza,con scorribande dei caccia Spitfair inglesi e con i bimotori americani "Vanpire", chiunque si reca a lavorare nei campi, mitragliando tutto, senza pietà,
tutto ciò che si muove.

Per chissà quale Santo Protettore, gli abitanti i paesi di montagna sfuggono alle rappresaglie dell'esercito tedesco, in ritirata e
l'ordine pubblico, permane, grazie all'Arma dei Carabinieri che

ottempera a   mettere in pratica tutte le modalità necessarie a mantenerlo con autorità ed abnegazione, giorno e notte.

Ma torniamo al racconto vero e proprio, partendo dal Nobile Convitto Mondragone di Frascati dove io sono ospite indesiderato insieme ad altri cinque convittori che, operazioni di guerra cruente in corso nell'Italia Centro Meridionale nel mese di Agosto, hanno costretto ad essere ospiti del loro Convitto anche ad anno scolastico terminato. Risediamo al Mondragone, ospiti dei Gesuiti, io Giulio di Malta Calabrese della Provincia di Cosenza, Fabrizio e Marzio Ciano, figli di Edda Ciano, i due Figli dell'Ambasciatore Cinese, non più in Italia, i due Fratelli Sonnino figli di uno dei Capi della Comunità Ebraica di Roma, da più di un anno, Convittori clandestini rifugiati politici.

Ciascuno di noi ha la sua croce e la portiamo con dignità, con qualche lacrima e coesa da una solidarietà che io ricordo sempre con affetto ed aiutati dal comportamento paterno di tutti i Padri Gesuiti che ci ha aiutato sempre ed ovunque.

A questo punto, c'è un'altra precisazione che il mio io, mi ordina di fare, di scrivere, di precisare. Questa riguarda il grande umanesimo di tutti i residenti nel Convitto, che ci sono vicini in ogni momento della nostra prigionia aiutandoci a scacciare la paura durante i diurni e notturni bombardamenti di Roma, quando, inermi si assiste, per via indiretta a quelle catastrofi seminatrici di morte, rintanati e terrorizzati nell'enorme cantina rifugio del Convitto, scavata a trenta metri di profondità.

Oppure, con il petto poggiato ad un grosso tronco di Pigna ed il cuore che va oltre i centocinquanta battiti al minuto, vediamo,in pieno giorno, scendere da Monte Cavo, ad un centinaio di metri di altezza, con direzione Roma, quei bestioni argentei apportatori di distruzione e morte.

Per parecchi anni il lacerante e sinistro rumore delle Fortezze "Volanti" americane, con i motori al massimo di giri, dopo una lunghissima picchiata si conclude con lo scarico di tonnellate di esplosivo ad'alto potenziale sull'obbiettivo prescelto. I tremendi agghiaccianti boati delle centinaia di bombe giunte a destinazione . Il rumore assordante dei motori spinti al massimo e gli scoppi susseguenti, che udiamo, per giornate e nottate intere per molti anni mi hanno creato incubi notturni per fortuna senza gravi conseguenze per il mio subconscio.

Fatte queste precisazioni necessarie ad evitare divagazioni e realtà fasulle, passiamo alla descrizione dei fatti partendo da quel che accade al Mondragone alla fine del mese. Trenta Agosto 1943, entra nella Camerata dei Mezzanelli, dove noi convittori bivacchiamo, giocando a monopoli o altri passatempi, il Vice Rettore, Padre Ranieri. Parlotta con il Padre Prefetto, addetto alla sorveglianza e, dopo un breve colloquio, mi fa segno di seguirlo. Mi conduce nel Rettorato dopo avermi cinturato le spalle ed avere, sulle stesse, effettuato due tocchetti in segno di affetto. Una volta entrati nella stanza, mi invita a sedermi vicino alla sua scrivania, quindi prende nel cassetto un'immaginetta della Madonnina, Protettrice del Convitto e con voce paterna mi dice:

"Il mio Giulietto che è ora mi un ometto, si porti sempre con se l'immaginetta della nostra Madonnina e nei prossimi giorni la preghi molto, perché, per quello che sto per dirti, hai bisogno non solo della sua protezione, ma soprattutto del suo aiuto".

Nell'altra stanza, insieme a Padre Cube, c'è un signore venuto fino a qui a Frascati dalla lontana Calabria,con il compito di prelevarti e, in macchina, condurti a casa ad Aiello Calabro. Sono sicuro che tu non hai paura di affrontare tale viaggio, non certo facile. Adesso, andiamo dal Rettore e, quindi, dopo il saluto, andrai su, in camerata, a preparare la valigia con tutta la tua roba. Appena sarai pronto, partirete con la benedizione di tutti noi.

Quindi si alza, si avvia verso la porta del Rettorato e mi fa segno di imboccarla. Lentamente mi avvicino alla porta, la apro ed una volta oltrepassata la soglia mi trovo fra le braccia aperte del nonno Tito Trapuzzano che ostenta un gran sorriso e mi stringe a se con forza. Trascorre poco più di un minuto e vengo svegliato dalla voce di Padre Cube, il Rettore, che allargando le braccia mi chiama a se, mi stringe a sua volta, fra le braccia e poi, ostentando un grande sorriso, mi dice:

"Il mio Giulietto non ha certo paura del lungo viaggio che sta per affrontare in compagnia del Nonno e di un Tenente dei Carabinieri amico della Famiglia Trapuzzano che attende giù in cortile in macchina. Che Iddio vi protegga".

Non aggiunge altro, ma mi affida al mio Padre Prefetto, nel frattempo entrato nella stanza, e lo invita ad accompagnarmi in camerata ed aiutarmi a preparare il mio bagaglio con una certa urgenza, perché più presto si parte e meglio è per noi. Mezz'ora di tempo e, fornito di due piccole valigie, sono pronto a partire e mi porto di nuovo nella stanza del Rettore dove ritrovo il Nonno che nel frattempo ha espletato tutte le pratiche burocratiche, terminate le quali si può partire.

Salutati tutti i presenti col Nonno ci portiamo nel grande cortile del Collegio dove c'è il Tenente dei Carabinieri Niccoli, che presta servizio alla Capitaneria di Nicastro e la vecchia Balilla Fiat Quattro Marce di casa Trapuzzano, che, essendo mio Nonno Podestà di un grosso paese come Gizzeria, non è stata sequestrata dallo Stato in guerra.

Raggiunto il cortile col Nonno salutiamo ancora una volta il Padre Ranieri che ci ha accompagnato fin la, raggiungiamo la Balilla dove c'è il Tenente ad attenderci ed un carabiniere in divisa. Il milite prende le due valige e le sistema ad un lato del grande bagagliaio della macchina, quindi apre lo sportello posteriore e invita me ed il Nonno ad entrare e sederci. Dopodiché apre lo sportello anteriore e si siede accanto al Tenente che nel frattempo si è sistemato al posto di guida, ha acceso e riscaldato il motore della vetturetta ed è pronto a partire.

Pochi secondi e, dopo un languido sferragliare metallico, la vettura si muove, attraversa il grande portone che immette nel primo vialone del bosco di Pini e Pigne e giù per il viale che porta al cancello d'entrata di Frascati. A destra e sinistra del vialone, nascosti dalle chiome dei Pini, bivaccano file di carri armati "Tigre" con gli equipaggi che dormono sulla nuda terra o nelle tende militari, sparpagliati qua e là. Frascati, Marino, Albano, Velletri, ad un Bar aperto c'è la prima fermata. Ci sediamo ad un tavolo ed il Nonno, ad un ragazzo che fa da cameriere, che si è avvicinato, per raccogliere l'ordinazione, chiede, se sia, possibile, acquistare panini con companatico da consumarsi al tavolo ed altri da portar via.

Il ragazzo, chiama il proprietario che tentenna e fa capire che può fornirci qualcosa ma non molto. La vista di una carta da cento lire, che mio Nonno ha estratto dalla tasca e probabilmente la presenza del Tenente in divisa, convincono il buon'uomo e in pochi minuti otteniamo otto panini e due bottiglie d'acqua minerale. Consumato il lauto pasto e conservato il resto nella borsa del tenente, i due militari sottopongono all'attenzione del Nonno Tito i due percorsi che si possono seguire per raggiungere Napoli. Uno interno passando per Frosinone e Cassino, l'altro marittimo imboccando la Fettuccia di Terracina, più corto. migliore come fondo stradale, ma più esposto a bombardamenti e mitragliamenti perché molto usato dalle armate Tedesche in ritirata. Si discute per circa dieci minuti, quindi all'unanimità, il trio, decide di seguire il percorso interno meno pericoloso sotto tutti i punti di vista.

Avendo deciso di fare il percorso interno, salutato il barista, si riparte alla volta di Napoli evitando Cassino dove è in corso una cruenta battaglia tra Tedeschi ed Alleati e cercando di giungere a Caserta servendosi di strade secondarie. In ogni modo, per farla breve il percorso Roma, Napoli viene coperto dalla Balilla in mezza giornata. Non abbiamo avuto problemi di nessun genere, nè fatto brutti incontri, anche perché, solamente nelle vicinanze di Caserta, abbiamo trovato un'autocolonna tedesca distrutta totalmente dai Caccia alleati.

Il raid distruttivo, analizzando i rottami sparpagliati, sulla strada, il Tenente Niccoli, lo considera avvenuto almeno un'ora prima del nostro passaggio.

Ancora oggi, se ripenso a quei cadaveri carbonizzati sparsi sulla strada oppure seduti nei camion con la testa china o seduti nei cassoni dei camion, immobili e tutti anneriti, mi viene la tremarella e mi scappano le lacrime. Sono scene raccapriccianti che per mia fortuna ho solo intravisto, per un attimo perché il Nonno, mi ha attirato a se coprendomi gli occhi con il risvolto della giacca.

Debbo precisare che il Tenente è stato bravissimo perché, in pochi minuti è riuscito ad abbandonare,con la vetturetta, il macabro luogo disegnato dalla volontà dell'uomo che, con la scusante della guerra necessaria, commette i crimini più efferati che mente umana riesce con facilità a concepire ed attuare, senza rispetto di niente e di nessuno. In ogni modo, allo spuntar della sera, quando ancora restano due ore o poco più di luce, arriviamo alla periferia di Napoli e e precisamente alle ultime case della cittadina di Aversa. Un quarto d'ora circa di transito fra palazzi, decapitati e stradine piene di detriti,senza segno di vita, ed eccoci a Piazza Garibaldi, sede della Stazione Ferroviaria di Napoli. La Piazza è quasi deserta, senza mezzi in circolazione se non militari. Qua e là bivaccano gruppi di militari in divisa che ignorano la nostra presenza, e non notiamo esercizi di pubblica necessità aperti. Innanzi all'entrata della Stazione ci sono solo militari. Soldati Tedeschi in gruppi separati o Carabinieri e Poliziotti italiani in coppia.

La scena non è rassicurante, anche per evitare brutti incontri, suggerisce al Tenente, la necessità di portarci sul lungomare, zona del Porto. Fatta la curva che immette sul lungomare e porta a Piazza Municipio, la scena che si para dinnanzi ai nostri occhi è apocalittica. Quasi tutti i Palazzi sono sventrati. La Maggior parte è ridotta a essere un cumulo di macerie informi qua e là annerite e sparpagliate. Non c'è segno di vita ed il lungomare è intransitabile perché tutto buche e voragini più o meno profonde.

Il Nonno non può nascondermi lo scenario desolante e mi tiene stretto a se e mi tranquillizza dicendomi che la parte più brutta era alle nostre spalle e quindi non c'era niente di pericoloso da temere. Il Tenente ed il suo aiuto, dandomi delle pacche sulle spalle, mi tranquillizzano e distraggono nello stesso tempo. Facendo dietro front, la vecchia Balilla ritorna a Piazza Garibaldi, imbocca sbuffando il lungo corso di "Forcella" e si ferma dinnanzi una Stazione dei Carabinieri della zona. Il Tenente, scende, apre lo sportello del Carabiniere e lo invita a sedersi al posto di guida dandogli un ordine preciso e perentorio.

"Mi raccomando, se dovesse suonare l'allarme aereo o esserci un bombardamento improvviso, non scendere dalla macchina ma metti in moto e portati al portone dandomi un segnale col clacson e ti raccomando, non spegnere il motore e attendi. Torno, subito, non posso fare a meno di segnalare la mia posizione ed il fatto di aver raggiunto Napoli, senza fastidi. Oltretutto, mi voglio informare sul luogo che dobbiamo scegliere dove passare la notte e dove bivaccare, in modo che il mezzo non corra pericoli aerei e terrestri".

Quindi rivolto al Nonno gli suggerisce di scendere, recarsi all'angolo della via dove c'è una trattoria che dovrebbe essere aperta e funzionante e comprare del pane in abbondanza e se possibile del companatico.

"Don Vespasià, me raccomandu, si ve dicianu di no, tirati fore a solita pampina de cientu lire e tutt'e porte si apriranno. Attientu però, attientu, Don Vespasià, attientu allu portafogliu."

Terminato il consiglio ordine, dato al vecchio, scende dalla macchina e a velocità supersonica sparisce inghiottito dal grande Portone con la scritta Comando Carabinieri Caserma Napoli ecc ecc. Non e trascorso più di un minuto e anche il Nonno, sceso dalla macchina sparisce a sua volta, dietro l'angolo. Il carabiniere si avvicina, mi tocchetta sulle spalle e affettuosamente mi dice:

"Niente paura torneranno subito e poi ci sono io. Niente paura. Tu ed il Nonno siete sotto la tutela dell'Arma dei Carabinieri e credimi, non è cosa di poco conto".

Ha appena finito di dire queste cose, che all'angolo della casa appare, con un discreto fagotto il Nonno che ha portata a termine l'operazione acquisto pane ad un prezzo altissimo, ma è riuscito ad avere due pani da un kilogrammo ed una bottiglia di mezzo litro di vino bianco. Velocemente, apre lo sportello e sistema il pacco sopra le mie valige sul sedile posteriore della vettura e si sistema accanto a me.

Ha appena chiuso lo sportello che, sul portone della Caserma, appare la figura del Tenente Niccoli. Sorridendo, velocemente raggiunge la Balilla, mette in moto e parte a razzo. Mezzo kilometro tra i vicoli della Stazione di Piazza Garibaldi, evitando buche e detriti di guerra, miagolando ad intermittenza a causa del fondo stradale sconnesso, il mezzo imbocca l'Autostrada per Pompei abbastanza percorribile e quasi deserta, anche se i segni dei bombardamenti non mancano.

L'entrata in autostrada avviene al calar del giorno e noi siamo abbastanza tranquilli essendo Pompei a non più di un quarto d'ora di tempo, e la certezza che all'imbrunire i Caccia alleati non sono in circolazione. Con la notte incipiente i raid aerei a bassa quota sono rischiosi, sopratutto per per gli attaccanti.

L'autostrada è libera, noi non siamo gli unici percorritori, ogni tanto si vede qualche autovettura militare transitare a velocità più sostenuta di quella da noi tenuta e la balilla in quarta marcia fila a suo agio condotta da mano esperta che mantiene a basso numero di giri il motore che si sente appena.

Dopo cinque minuti di viaggio, durante i quali niente succede e nulla si prospetta, il silenzio viene rotto dal comandante che rivolgendosi a mio Nonno, a me ed al carabiniere, con tono di voce familiare e tranquillizzante, soggiunge:

"Tranquillizzatevi, prima delle ore ventidue i nostri amici anglo americani, non si faranno vedere e soprattutto sentire. Don Vespasià, scusatemi, se non vi ho informato, ma il collega di Napoli mi ha consigliato di fare tappa a Pompei e di dormire nel grande Albergo che trovasi vicinissimo al Santuario se c'è posto. In caso contrario, parcheggiare la macchina, sotto uno degli alberi del piazzale ed arrangiarsi nel modo migliore anche perché il piccolo Giulietto deve riposare perché domani sarà un giorno lungo di viaggio oltretutto stressante. Fino ad ora Pompei è stata risparmiata. Non ha subito alcun bombardamento ed i raid notturni sono stati effettuati tutti su Torre Annunziata abbastanza distante dal Santuario. Per noi è importante che la Balilla non venga attaccata, mitragliata o bombardata e distrutta. Sarebbe la fine. Che Iddio ce la mandi buona".

Quindi rivolto a me, che stavo con la testa fra i due sedili mi dice: *"Vedo che non hai paura, ci occorre tanta fortuna. Negli anni che verranno, se riusciremo a giungere vivi in Calabria, non scordare mai il coraggio di questo vecchietto, che non ha esitato, nel momento in cui si è presentata l'occasione, a mettersi in macchina ed affrontare l'ignoto di un viaggio rischiosissimo. Ti vuole un gran bene il Nonno Tito, non scordarlo mai. E*

non scordarti neanche del Tenente e del Carabiniere suo subal-
terno e soprattutto di questa vecchia e miagolante Balilla. Essa
e non noi è l'eroina di questo viaggio. Tocchiamo ferro e ringra-
ziamo la Madonna di Pompei. Oltretutto la Signorina non ha
avuto neanche una foratura. Bravo Giulietto, non bisogna avere
paura nella vita".

Così dicendo, effettua una frenata che per poco non procura al
Carabiniere che è seduto al posto anteriore, un bel bernoccolo in
testa. Sulla corsia stradale, una bomba ha scavato una grande
buca ed il transito può avvenire a lento pede, guidando, con perizia e precisione.

La Balilla sale sul marciapiede sinistro della strada con la ruota
destra ed il cammino viene riiniziato. Pochi kilometri dopo la
gran buca autostradale e siamo a Pompei. E' quasi buio ed il Tenente si affretta a lasciare l'autostrada ed in fretta, guadagnare il
Piazzale della Basilica. Finalmente ci fermiamo e tutti emettia-
mo un sospirone, di ringraziamento e di tranquillità.

Il Tenente, che con ottima manovra ha cercato di mimetizzare
la Balilla il più possibile, scegliendo l'albero con più chioma ed
il più vicino al Santuario, finalmente si rilassa e toglie le braccia
dallo sterzo, la Mimetizzazione è cosa importante, perché bisogna salvaguardare il nostro grande capitale, la Balilla, da tutti i
guai che potrebbero colpirla e gli aerei alleati, sono, certamente,
il peggiore in circolazione.

Scendiamo e, finalmente, dopo tante Piazze e strade deserte,
che ci siamo lasciate alle spalle, incontriamo persone vive che
circolano, perlopiù donne ed uomini anziani. Nonno Tito, che
già si è reso conto di tutto ciò che ci circonda, fa segno con la
mano al Tenente e ci invita a seguirlo. Attraversiamo il Piazzale
in tre, il Carabiniere è rimasto in macchina a far da piantone, e,
dopo pochi minuti, ci troviamo all'entrata del Santuario.

In chiesa c'è molta gente, la maggior parte inginocchiata che prega e un Sacerdote. Entriamo, ci sediamo ad uno dei banchi ed osserviamo in silenzio. Passa un minuto e, come tutti i presenti anche noi finiamo in ginocchio e preghiamo la Madonna perché ci aiuti e ci protegga nei giorni a venire, quando saremo esposti a pericoli di tutti i generi che non possono essere previsti, ma solo evitati e ridotti ai minimi termini.

Dopo un buon quarto d'ora di preghiera, il nonno si alza e raggiunge il sacerdote che lo accoglie a braccia aperte. Parlottano per qualche minuto, dopodiché mio nonno, salutato con una stretta di mano il suo interlocutore, si avvia verso l'uscita della chiesa e ci invita con un cenno a seguirlo con una certa velocità.

Usciti dalla chiesa, raggiungiamo la Balilla e una volta entrati tutti il Tenente, mette in moto e porta la vettura sotto un grande albero ubicato vicino a un grande palazzo vicinissimo a uno dei lati della Basilica. Scendiamo dalla macchina in tre, il Carabiniere resta seduto a fare il piantone, e ci portiamo davanti a un grande portone e bussiamo.

Un minuto e sulla soglia, aperta la metà del portone, appare un vecchio signore, con una candela accesa in mano. Visto che con noi c'è un ufficiale dell'Arma. fa segno di accomodarsi dentro e ad entrata avvenuta, velocemente chiude. A questo punto mio nonno si fa avanti si presenta con la solita stretta di mano e per un paio di minuti parlotta con l'anziano signore, quindi viene chiamato a colloquio il Tenente che mi fa segno di non seguirlo. Pochi minuti ed i tre mi invitano a raggiungerli e, sempre al lume di candela, ci inoltriamo in un piccolo corridoio che termina con una porta chiusa. Il Vecchio quando ci siamo tutti, gira la manopola e c'è l'entrata in uno stanzone lungo arredato e con una decina di tavoli quadrati tutti eguali e ben tenuti e forniti ciascuno di quattro sedie.

"Accomodatevi signurì, sussurra questa era ed è la sala da pranzo nella quale è da molto tempo che nessuno ha mangiato

più. Accomodatevi ad un tavolo che da mia moglie, che sento trafficare già in cucina, vi faccio preparare tre piccoli piatti di spaghetti. Con questa maledetta guerra, non abbiamo altro da offrirvi. Accomodatevi e sedetevi a questo tavolo," ed indica il primo della fila di destra sul quale ha poggiato la candela unica fonte di luce.

"Accomodatevi. Le stanze da letto sono nel corridoio a fianco e sono già pronte, sperando che, i nostri amici aviatori vi facciano dormire. I bombardamenti di Torre Annunziata di solito prima delle dieci e mezza non cominciano, se tutto va bene un paio di ore di sonno potrete farvele. Accomodatevi signorì, accomodatevi".

A questo punto il tenente accende la torcia in dotazione ai Carabinieri e chiede al Vecchio Signore di accompagnarlo alla porta di entrata perché ha necessità di raggiungere la vettura e parlare con il Carabiniere che la custodisce. Quindi fa segno al vecchio di fare strada e sparisce nel buio della notte. Un quarto d'ora ed è di ritorno con un grosso pane e del formaggio prelevati dal bagagliaio della vetturetta dove ancora ci sono in deposito unitamente a vari bidoni di benzina ancora due provole, cinque o sei soppressate, della frutta secca, frese di pane prodotte a Santa Caterina dall'Azienda del Nonno.

Mentre sta per poggiare sul tavolo il companatico, si apre la porta della cucina e quattro fumanti piatti di pasta entrano nella stanza portati dai due vecchi. In un battibaleno il tenente provvede a portar la sua cena al Carabiniere e quindi si dedica, a sua volta, a mettere qualcosa sotto i denti.

La candela illumina la stanza con flebile luce e la calma regna ovunque. Consumiamo con calma il piatto caldo e aggiungiamo ad esso una buona ed abbondante fetta di formaggio proveniente da Gizzeria.

Terminata la cena il Nonno convoca il Vecchio dicendogli:

"*Volete accompagnarci nelle stanze da letto e dirmi l'ammonta-
re della somma di vostra competenza, perché domani se Dio lo
vuole vogliamo partire presto*".

Il vecchio non risponde subito perché è attratto dal formaggio e
dal pane che erano sul tavolo e che certamente noi avremmo
portato via, ma si riprende subito e muovendo la candela per far
luce, risponde: "*Venite. Venite, signurì, vi accompagno e si avvia facendo strada. Speriamo che questa sera non bombardino
come tutte le sere, il Porto di Torre Annunziata*".

La conversazione viene interrotta dalla voce di mio Nonno che
ha seguito gli sguardi rivolti dall'Oste al pane e formaggio depo-
sitati sul tavolo ed ha capito quello che c'è da capire. Quindi
sorridendo gli sussurra:

"*Senta, buon uomo! Il pane ed il formaggio che sono sul tavolo, sono cibo vostro potete farne quel che volete*".

E' troppo lunga a raccontarsi, la scena che segue, i due Vecchi
quasi in lacrime che ringraziandoci, soggiungono: "*Il cibo che è
sul tavolo ci basterà per almeno tre giorni. Che la Madonna di
Pompei vi aiuti e vi protegga. Grazie, grazie*" e ci fanno segno
di seguirli.

Alla fine del corridoio il marito apre la porta, entra e con la sua
candela ne accende una che è sul tavolo, quindi rientra nel corridoio, risaluta e chiude la porta. Il Nonno "papariia", io ed il Tenente stanchissimi,ci buttiamo sulla brandina e qui finisce il mio
ricordo.

Non so quanto tempo ho dormito, perché mi sveglio di sopras-
salto alle ore undici a causa di una serie di boati che fanno sus-
sultare e tremare nello stesso tempo pavimento e pareti.

La scena che mi si presenta, dinnanzi agli occhi è inverosimile
e terrorizzante nello stesso istante. I miei sono sul balcone, che
lascia entrare nella stanza una luce intensissima. La Basilica è illuminata a giorno da un cerchio di bengala, seguito da un altro

più alto.

Bombe e spezzoni che fanno, scoppiando un rumore infernale ed emettono una luce viva, rossiccia e lugubre, che bruciano tutto ciò che colpiscono, cominciano a cadere da tutte le parti. Alcune molto lontane altre a pochissimi chilometri di distanza certamente alla periferia di Pompei, con gli aerei altissimi, che a causa dei motori tirati al massimo spaventano già ad ascoltarli.

ll cielo stellato è solcato da fasci di luce che si spostano di continuo in tutte le direzioni in cerca di una preda da catturare buttar giù con facilità se individuata. Sopra il cerchio che tiene illuminato il Santuario, piccoli scoppi avvengono di continuo ed aumentano di intensità di volta in volta. Dalla visione spettacolare della piazza della Basilica illuminata a giorno ed evitata dalle bombe d'aereo che le cadono intorno ad una certa distanza ci distoglie il vecchio Oste entrato senza che noi ce ne accorgessimo nella stanza che a bassa voce ci sussurra:

"Io e mia moglie andiamo nella Cattedrale a pregare, dato che questa sera i nostri amici Alleati hanno scatenato un putiferio mai verificatosi finora. Se non sbaglio e le mie conoscenze territoriali, non mi ingannano questa sera, per la prima volta le Fortezze volanti stanno mettendo a ferro e fuoco anche le periferie di Pompei. Poveri noi, poveri noi. Non ci resta che pregare la Beata Vergine del Rosario che è l'unica difesa che abbiamo. A me e mio marito che siamo nati e vissuti qua da quando siamo nati, non risulta che nel territorio della nostra cittadina ci siano istallazioni militari".

E il Vecchio aggiunge: *"Se anche voi decidete di venire in Cattedrale tirate il Portone del Palazzo che è a chiusura automatica. Che la Beata Vergine ci aiuti"*.

Detto e fatto i due spariscono nel buio del corridoio e dopo poco noi udiamo lo scatto del portone che si chiude automaticamente. Dopo aver guardato l'insolito spettacolo del Santuario illuminato dal cielo, tutti e tre rientriamo in casa ed il Nonno, che non mi ha lasciato lontano da se neanche per un attimo, parlotta col Tenente e poi abbassandosi alla mia altezza tenendomi strette le mani mi chiede:

"Hai capito che gli aerei nemici, tengono continuamente illuminata a giorno, la Basilica perché non vogliono colpirla. Tu non hai paura e poi ci sono il Nonno ed il Tenente che ti staranno sempre vicini. Adesso scendiamo ed andiamo in Chiesa anche noi a pregare e così facendo ci salveremo dall'inferno che si è scatenato a Torre Annunziata e dintorni compresa la Periferia di Pompei. E poi ce sempre la Madonna di Pompei a proteggerci. Ormai sei abituato a questo fracasso che senti perché sei stato sotto i bombardamenti di Roma e dei Castelli che non era roba da scherzare Coraggio piccolo ometto domani, quando saremo lontani da qui, sarà un altro giorno".

Così dicendo mi mette le mani sotto le ascelle e mi stringe a se. Un attimo di attesa ancora e quindi in fila dietro la torcia che illumina il cammino lasciamo l'Alberghetto e ci avviamo a raggiungere la Basilica unendoci ad altra gente che piangeva e correva verso il Grande Portone aperto ed illuminato.

Entrati nel Santuario, stracolmo di gente in ginocchio che piange e recita l'Ave Maria per la prima volta vengo assalito dalla paura. Infatti è la prima volta che vedo il Nonno Tito in ginocchio pregare insieme a tanta gente. Mi ha colpito ed un po intimorito il fatto che, quando gli scoppi delle bombe sono più forti, perché cadute più vicine, l'intensità dell'Ave Maria cresce moltissimo di volume. In ogni modo, l'Inferno di scoppi dura tutta la nottata e nessuno, per nessun motivo, ha mai abbandonato il posto di preghiera.

Alle prime luci dell'alba il frastuono diminuisce di intensità e gli scoppi non esistono più. Il bombardamento è finito, ma non la recita della preghiera che continua per dieci buoni minuti ancora di orologio. Quando sulla Piazza, regna la calma, la gente lascia la chiesa e ritorna alla propria casa, anche io ed il Nonno, usciamo, ritorniamo in albergo, e, salutati i due vecchi, ci dirigiamo verso la macchina parcheggiata sotto il grosso albero vicino al Santuario dove troviamo il Tenente appisolato con la testa sullo sterzo.

A mezzanotte, infatti quando dall'illuminazione costante della Basilica si capisce chiaramente che gli aerei alleati non intendono colpirla, il nostro Comandante si è ritirato nella vettura ed ignorando frastuono e bombe, si è rifugiato nelle braccia di Orfeo per riposarsi sapendo di quale portata fosse l'enorme sforzo fisico e mentale che lo aspetta il giorno dopo.

Il nostro arrivo alla Balilla coincide con la fine della dormita del militare. Fa tutto il Carabiniere, sveglia il Tenente, fa salire noi in macchina e si accomoda al suo posto di viaggio. Pochi minuti per svegliarsi perbene, e c'è subito la partenza verso il Sud.

E' L'alba quando la piccola vettura lascia le ultime case di Pompei ed imbocca la strada che porta a Salerno Naturalmente non appena arriviamo alle prime case della città ci rendiamo conto che anche lei è stata oggetto di visite notturne perché qua e la della strada ci sono detriti fumanti e palazzi sventrati o decapitati fumanti a loro volta con incendi sparpagliati e strade ostruite da detriti. Un quarto d'ora e la Balilla imbocca la strada per Sala Consilina dove arriviamo senza intoppi e brutti incontri aerei e terrestri verso le ore dieci e mezza circa.

A Sala, siamo costretti a fermarci per circa mezzora a causa della riattivazione in corso della transitabilità della statale da reparti del Genio Militare tedesco che precede un'autocolonna in marcia che, probabilmente, vedendo la vetturetta con all'interno due militari in divisa ha ritenuto opportuno di lasciar libero il transito.

Dopo la sosta tutto va liscio fino a Lauria dove arriviamo, reduci anche di un incrocio con lunghissima autocolonna militare tedesca in ritirata, verso le ore tredici. Velocemente attraversiamo la parte alta del paese e ci fermiamo nei pressi di un palazzotto dove al muro del portone è affissa la scritta Caserma Carabinieri.

Il grosso Paese non è disabitato, ma le famiglie che sono rimaste per lo più, donne, bambini e anziani, la mattina si spostano nelle campagne per lavorare nei campi, curando specialmente gli ortalizi che, non solo sono il loro cibo giornaliero, ma anche il loro tesoro economico. Inoltre vivere il giorno nei campi significa stare lontano da bombe e mitragliate aeree.

La Caserma dei Carabinieri è aperta ed il Tenente che è, ripeto in missione speciale, la visita e fa ciò che deve fare fermando la Balilla nell'atrio a fianco della moto Guzzi Falcone Cinquecento in dotazione della Stazione. Nelle vicinanze c'è una cantina dove, subito, col Nonno ci rechiamo e ci sediamo ad uno dei tavoli. Una volta seduti il proprietario un cinquantenne corporuto e tutto bianco si avvicina e rivolto al nonno chiede:

"In cosa posso servirla. Ho solo del vino e della frutta fresca".

La visione di una banconota da dieci lire, fa cambiare parere al cantiniere che, andato nella stanza accanto, ricompare con mezzo pane fresco e del pecorino morbido a fette. A questo punto prendiamo insieme al pane una busta contenente frutta fresca una bottiglia di mezzo litro di vino e ritorniamo alla macchina dove ci sono già in attesa gli altri due viaggiatori.

Io ed il Nonno abbiamo procurato le cibarie, il tenente il pieno di benzina da un rivenditore grazie all'intervento del Maresciallo ed una lattina di venti litri da un sottomano di cinquanta lire finito nelle tasche del benzinaio. Sono circa le tre del pomeriggio quando riprendiamo il viaggio per Cosenza.

Lauria, Castelluccio, Laino Borgo, la Balilla miagola quando affronta le curve in salita dove occorre procedere in seconda marcia, fila che è una bellezza.

Quando siamo ad un tiro di schioppo da Mormanno Calabro, il Carabiniere fa segno al tenente di guardare in alto. Il Tenente, si ferma e riparte a razzo cercando con gli occhi un riparo per nasconderci. E' un aereo da caccia che gironzola ad una certa distanza da noi alzandosi ed abbassandosi non a bassa quota. Non riuscendo ad individuare l'appartenenza del velivolo il tenente cerca rifugio in un campo con grossi alberi e ci invita tutti a scendere e nascondersi a nostra volta.

Non abbiamo mai saputo se il caccia fosse amico o nemico ma, il suo gironzolare, ci ha tenuto inchiodati sotto i due alberi per più di un'ora, ma come Dio volle, finalmente riprendiamo il viaggio per Cosenza, via strada statale di montagna, evitando la statale di Contursi e Pertosa, che osserviamo in lontananza strapiena di autocolonne militari in ritirata certamente non risparmiate, se viste, dai raid aerei dei Bimotori veloci americani e dagli Spitfaire inglesi. Oltretutto non è facile per gli aerei operare mitragliamenti tra i monti lucano calabresi ricchi di insidie e poveri di colonne in ritirata.

Da Mormanno a Castrovillari la marcia è lenta per via delle salite e curve che bisogna affrontare a bassa velocità e noi siamo abbastanza tranquilli perché la vettura non ha manifestato mai segno di stanchezza.

Sono le diciotto quando oltrepassiamo le ultime case di Morano Calabro e quasi le diciannove quando entriamo a Castrovillari. Alle diciannove e dispari, la Balilla è in sosta dinnanzi il portone del Comando Territoriale dell'Arma dei Carabinieri, comandata da un Capitano. Il Tenente, una volta parcheggiata la vettura, scende dalla Balilla, apre lo sportello ed abbozzando un servile inchino dice:

"Don Vespasià, jati ccu Giuliettu e llu Carabiniere alla Pensio-

ne Albergu indicata de chillu cartiellu e lo indica col dito, ca io vaju a rapportu ndo llu Capitanu e pue ve raggiungiu. A Balilla a spuostu intra u Cortile du Comandu e sarà al sicuru. Jati. Jati tranquillu, stasira avissimu de rescere a dormire, ppecchì un me risulte ca Catrovillari sia stata mai bombardata".

Dopo una ottima dormita ed una nottata passata in assoluta tranquillità, la mattina seguente all'alba, il Carabiniere, bussa alla porta della nostra stanza e ci avvisa che il Tenente è giù al bar ad attenerci per riprendere il viaggio. Il tempo di lavarci, vestirci, saldare il conto e col Nonno, siamo seduti al Bar a far colazione. Quindi con i quattro coraggiosi passeggeri, la vetturetta, riprende il cammino con stazione d'arrivo Cosenza.

Dopo le paure passate, sempre e soprattutto sperando nel Buon Dio viaggiamo quasi in assoluta tranquillità, perché in Calabria ancora non si sono mai verificati bombardamenti di paesi interni. solo su quelli costieri ci sono stati lanci diurni e notturni di piccole bombe e spezzoni incendiari con relativi mitragliamenti a bassa quota.

Tutta la costa Calabra è stata interessata da cannoneggiamenti notturni intensi e spesso di lunga durata, ma non da altro. Si riparte ed in poco tempo raggiungiamo Frascineto e ci immettiamo sulla diciannove delle Calabrie. Tutto funziona perfettamente fino alle Terme di Spezzano.

Un chiodo di media dimensione si infila nel battistrada della ruota posteriore destra e siamo costretti a fermarci. Quando il Carabiniere ha terminato il lavoro di sostituzione della gomma ed ha appena rimesso al suo posto quella forata, c'è il primo intoppo inaspettato.

Si presenta alla nostra vista una staffetta militare tedesca composta da due moto ed una vettura, accompagnata da un nugolo di polvere sollevata alle spalle. Giunta nei pressi della Balilla, la macchina si ferma, guarda la scena, quindi un graduato si avvicina al tenente e si presenta. C'è uno scambio di parole poi, in uno scarso italiano, il graduato fa capire che bisogna accelerare il tempo di cambio gomme, perché sta per sopraggiungere una colonna militare di camion ed è necessario avere tutta la strada libera.

Per fortuna la sostituzione della ruota è già avvenuta ed al Carabiniere non resta altro da fare se non spostarsi in una stradetta di campagna distante non più di cinquanta metri. Detto e fatto in un attimo la Balilla lascia la diciannove e viene parcheggiata nella stradina sotto un grosso ulivo come, con segni e parole suggerisce il tenente, che continua a parlottare col graduato tedesco. Ad operazione parcheggio conclusa, grande stretta di mano fra i due ufficiali, saluto militare e partenza a tutto gas del tedesco.

Pochi minuti di attesa e sulla strada inizia il transito dell'autocolonna di camion che hanno attaccati sul retro cannoni di vario tipo. Il tran, tran dura una buona mezzora durante la quale ci sistemiamo sotto un'altra grande pianta di ulivo che ci nasconde completamente.

Quando l'ultimo camion scompare alla nostra vista, il capo ci ordina di non muoverci perché, a scanso di pericoli è necessario stare nascosti ancora per una buona mezzora per evitare brutte visite da parte di qualche aereo che si trovasse a transitare da quelle parti. Questo perché il polverone sollevato dall'autocolonna è visibile anche da una lunghissima distanza.

Durante la permanenza forzata il Carabiniere smonta la gomma forata, cambia la camera d'aria con una di scorta, rigonfia la ruota e ripara la camera bucata. Il tempo passa rapidamente e poiché non si vede anima viva transitare sulla strada e solcare il cielo, la Balilla, viene riportata sulla strada e si riparte, assillati da un certo timore, perché l'incontro avvenuto, non è certo un buon segno. Se ci dovessero essere altre colonne tedesche su quella strada secondaria, c'è poco da stare allegri.

In ogni modo sbuffando e miagolando alle salite, la piccola vettura procede con un'andatura costante. Il Tenente ed il carabiniere, preoccupati, scrutano il cielo con una certa attenzione e non profferiscono parola.

Il silenzio, di colpo, viene rotto dalla voce del capo che dice:

"Don Vespasià, signu nu pocu preoccupotu, nella zona di Lamezia, i piloti dei caccia inglesi hanno mitragliato tutto ciò che vedevano muovere, financo carri con buoi, distruggendoli. Sono molto preoccupato perché fra poco entriamo nei lunghi rettilinei della strada della Bonifica del Vallo oltretutto poco alberati. Che Iddio ce la mandi buona, don Vespasià".

La Balilla guidata a velocità costante fila che è una bellezza e ci tranquillizza. Ma ecco l'intoppo. Ad un curvone ampio della strada, sbanda e, non finisce fuori strada, grazie alla perizia ed abilità dell'autista. Abbiamo bucato di nuovo una gomma e siamo costretti a fermarci ancora una volta per una buona mezz'ora.

Riparata la gomma, ripartiamo toccando tutti ferro, perché, oltretutto, siamo anche senza ruota di scorta. Ma non succede niente e dopo circa dieci chilometri, percorsi a veloce andatura, ci lasciamo alle spalle Tarsia e San Demetrio Corona.

Quando in lontananza si intravedono le case di San Marco Argentano, il carabiniere addetto, alla vigilanza, indica al Tenente dei puntini che solcano il cielo. Sono aerei da caccia. Il Tenente ferma la macchina sotto un pioppo a ciglio strada e di corsa ci fa scendere e rifugiarci sotto un ponticello della strada poco distante. Per un buon quarto d'ora, si ode il rumore accelerato di aerei in picchiata seguito da una serie di boati lontani che si susseguono ripetutamente, inframezzati da colpi di arma da fuoco. Il tutto dura più di mezzora e non promette nulla di buono.

Lo sguardo dei tre adulti mi impaurisce perché per la prima

volta li vedo preoccupati ed impauriti a loro volta. Quando tutto tace e non si sentono più scoppi e rumori il Tenente, invitandoci a non muoversi se non chiamati da lui, fa segno al Carabiniere e lasciano il nostro rifugio, lentamente scalano il terrapieno che porta sulla strada. Il tempo di dare uno sguardo e veniamo richiamati da un fischio ed invitati a salire sulla strada. Tutto è calmo, la Balilla è al suo posto non ci resta che metterci in macchina e ripartire.

Percorriamo i tornanti che portano a San Demetrio Corone e la serie di curve che precedono una discesa solo di nome, e giungiamo ad un tratto di pianura della strada con grandi alberi di oliva sui bordi e un lungo dosso stradale. Raggiunta la sommità della piccola salita, non appena la scavalchiamo, uno spettacolo, terrificante si presenta ai nostri occhi.

Un'intera autocolonna tedesca di soli camion, è stata distrutta e giace sulla strada sparpagliata a pezzi. Soldati morti carbonizzati giacciono nelle cabine dei mezzi, sulla strada, nelle cunette, su i cigli. Qua e là ci sono piccole buche, piene di rottami ancora fumanti. Non ci sono corpi di militari se non quelli carbonizzati nelle cabine per lo più sventrate. Non ci sono superstiti e molte piante di ulivo hanno la corteccia faccia strada completamente carbonizzata.

Il Tenente, ferma la Balilla e col Carabiniere percorre a piedi un centinaio di metri di metri di strada, osservando attentamente il brutto quadro che abbiamo dinnanzi agli occhi. Ritornato alla Balilla, molto contrariato, dice a mio Nonno:

"Don Vespasià c'è su buche, fortunatamente no troppu grandi ppe nnu centinaru e metri, e data a situazione e lu periculu ca atri aerei se presentasssi ru, cumbene ca vui e Giuliettu ve ncamminassivu e, chianu, chianu jssivu a n'aspettare alla fine du mitragliamentu e n'aspettassivu ammucciati sutta na chianta d'aliva. Ccu llu Carbiniere io circu de portare a machina fore

de stu nfiernu senza bucare gumme e procurare danni alla struttura. Speriamu ca a Madonna e Pompei n'aiutassi ca ndavimu bisuognu. Cchi bruttu spettaculu, teniti u guagliune ppe lla manu e circati de v'alluntanare u cchiù priestu possibile".

Dette queste cose, ci fa segno di avviarci e quando noi abbiamo percorso intorno a dieci metri di tragitto, mette in moto e con la vetturetta affronta le montagne russe. La Balilla oscilla, si lamentava con una delle ruote ora in questa, ora in quella buca ma lentamente avanza. Finalmente dopo venti minuti percorsi a passo d'uomo, il percorso pericoloso viene coperto certamente con molta paura, ma fortunatamente senza danni.

Una volta raggiunto il fondo buono della strada provinciale, il Nonno apre lo Sportello posteriore, mi fa segno di entrare ed entra a sua volta emettendo un lungo sospiro di sollievo. E passata circa un'ora dal nostro arrivo sul posto e finalmente indenni ripigliamo il viaggio, lasciandoci, dopo poco, l'abitato di San Marco alle spalle. Sono meno di cento i chilometri che ci separano da Cosenza città e ci illudiamo di aver superato tutti gli ostacoli che possono porre fine al nostro viaggio. Ma così non è perché, dati i mitragliamenti che si verificano giornalmente e che noi per pura fortuna abbiamo evitato non c'è da stare allegri.

La strada cosiddetta del Vallo è rappresentata perlopiù da lunghi rettifili con poca alberatura che non concedono alcuna mimetizzazione. Il Tenente, per evitare brutti incontri, decide di abbandonare la Statale del Vallo e di percorrere la più lunga ma più sicura strada Provinciale dei Paesi interni che perlomeno hanno qualche albero di pioppo, molti uliveti e oltretutto, non sono percorse da autocolonne militari.

L'itinerario scelto e praticato, ci ha fatto percorrere più strada e consumare molta benzina, ragion per cui, quando rientriamo, non avendo alternative, sulla Salerno Cosenza, nei pressi di Torano Castello, si accende la spia della riserva del carburante della Balilla.

Questa è una bella novità non tanto gradita. Necessita rifornirci di benzina altrimenti a Cosenza ci arriveremo trainai da un carro con i Buoi. Deviamo per Montalto Paese, sperando con l'intervento del Maresciallo dei Carabinieri,di racimolarne almeno cinque litri di carburante, ma niente da fare, la Caserma è dotata di tre biciclette a pedali e neanche di contrabbando è possibile trovare benzina.

Cosenza è a un tiro di schioppo e non ci resta altro da fare se non correre il rischio di arrivare alle porte della città dei Bruzi o non arrivare affatto, parcheggiando la vettura in uno dei lunghi vialoni di pioppi della periferia ed andare a piedi a procurare il liquido vitale al Comando Territoriale dei Carabinieri della Città. Lasciato velocemente Montalto imbocchiamo la strada per Cosenza procedendo a motore spento fino al Bivio essendo la strada in leggera discesa e tutto va bene. Una volta al Bivio, il Tenente riaccende il motore e la Balilla procede a bassa velocità per consumare meno carburante e con il Comandante tranquillo perché le colonne tedesche viaggiano su una parallela della diciannove.

Lasciato il Bivio di Montalto ripigliamo la statale per Cosenza che si snoda tra file di grossissimi ulivi secolari che nascondono tutto con la grandissima chioma e, finalmente, dopo tante paure la fortuna ci arride e viene in nostro aiuto. Sebbene ci sia una mimetizzazione naturale, il Carabiniere è vigile e controlla tutto. Guardando attentamente i terreni,dopo una curva, segnala all'ufficiale che nel boschetto laterale c'è qualcosa che si muove e rifrange i raggi del sole. Il Tenente senza sapere il perché ferma la macchina e spalleggiato dal suo sottoposto si porta sul dosso del terreno ed osserva.

Mimetizzati nel bosco ci sono due mezzi pesanti ed un'autovettura militare in sosta. E' una pattuglia tedesca che bivacca, mangiando delle fette di pane, con una tenda di piccole dimensioni dove è disteso e dorme un graduato. Senza far rumore, insieme al Carabiniere raggiungono noi e la Balilla e, senza perdere tempo il Tenente chiede:

"*Don Vespasià un è ca avissivu nu paru de pampine de cinqucientu lire lire nove*"!

Ricevuto l'assenso aggiunge "*Datimille ca pienzica risorbimu a questione benzina*".

Ricevute le due banconote, fa segno al Carabiniere e si avvia verso la zona di bivacco della pattuglia. Percorsi dieci metri circa, viene raggiunto dal suo subalterno che lo rifornisce di un bidone di ferro di circa venti litri di capienza. Con il bidone fra le mani ed al fianco il suo subalterno, il Tenente si avvia verso il luogo dove bivaccano i Tedeschi e facendo rumore per farsi notare si presenta con un grande saluto romano.

La divisa di Tenente dei carabinieri e la mano tesa in segno di amicizia tranquillizzano i quattro militari che rispondono loro volta con la mano tesa in alto e fanno segno all'italiano di sedersi. Pochi minuti di conversazione più che con parole con segni chiari fanno capire il motivo della visita. i quattro parlottano fra loro e certamente avrebbero detto no alla consegna di un po di carburante, se il Tenente, facendo finta di prendere un fazzoletto in tasca non avesse lasciato cadere per terra le due banconote.

Non fa a tempo a chinarsi per raccattarle che queste son finite già nelle robuste mani di uno di loro che sulla giuba aveva due frecce argentate, tipiche dei sottufficiali. Una l'ha presa delle banconote immediato l'ordine di consegna di due bidoni di liquido da venti litri cadauno all'alleato in panne.

Il Carabiniere con uno sforzo notevole, abbranca i due bidoni e parte verso la Balilla. Il Tenente ringrazia con un sorriso i Tedeschi e si congeda con quattro grandi strette di mano e relativo saluto militare e toglie il disturbo. Raggiunge il Carabiniere ed insieme portano a destinazione il prezioso liquido. Il Nonno che nel frattempo e sceso dalla macchina accoglie i due col prezioso carico ed in segno di ringraziamento refila sulle spalle del Tenente due pacche che vorrebbero essere carezze. A questo punto, il Carabiniere, travasa con un pezzo di cordella di gomma il contenuto di uno dei bidoni e depone nel capiente bagagliaio l'altro. Non resta che mettersi in macchina ed in poco più di venti minuti raggiungere i sobborghi di Cosenza e precisamente Castiglione Scalo.

Dieci minuti di strade cittadine e la gloriosa Balilla imbocca Corso Mazzini e si ferma al Bar Renzelli con il bacio del parafango che diventa una liberazione.La fermata dura un'ora durante la quale ci rifocilliamo con delle paste,con una tazza di cioccolata calda,che non è altro che un surrogato a base di dolce carruba e qualche dolce di guerra che il Nonno è ben felice di pagare.Trascorsa la sosta in assoluta tranquillità sollecitati dal Tenente,entriamo in macchina e lentamente la Balilla riprede il viaggio.Una volta attraversati Carolei, Domanico, Lago, Terrati, Bivio Aiello, Passamorrone, Cleto Centro, si imbocca la stradetta di Contrada Pianta e dopo una salita di cinquecento metri, si arriva al piazzale dell'Azienda di Malta.

Il piazzale è già pieno di familiari che, avendo udito il rumore della macchina con il caratteristico miagolio del motore della Balilla che saliva in seconda marcia, sono usciti da casa ed attendono.

Una volta scesi dalla macchina mi ritrovo nelle braccia di Papà e Mamma che, dalla gioia piangono come due ragazzini. Trascorrono più di cinque minuti prima che i miei genitori allentino la stretta affettuosa alla quale subentra il lungo abbraccio tra mio padre ed il nonno Tito che termina con una scena che non dimenticherò mai.

Il Nonno prende per mano, mio padre ed il Tenente, si avvicinano al parafango della Balilla e, dopo averlo pulito, lo baciano uno alla volta.

Sono a casa con Papà, Mamma, Stano, i Nonni tutti. Non mi sembra vero. Sono, finalmente, a casa mia lontano dalle bombe, dall'assordante, agghiacciante rumore delle Fortezze Volanti in picchiata. Non mi sembra vero.

La Madonnina del Mondragone ci ha protetto. Non mi sembra vero, non udire, a sera inoltrata, l'assordante ed agghiacciante urlo delle sirene di Frascati, che significava una corsa sfrenata a scendere i quattrocento gradini che dal secondo piano conducono nella vecchissima e antichissima Cantina costruita alla profondità di oltre venti metri sotto il livello del suolo.

Tale operazione, di vitale importanza, garantiva a noi convittori e a tutti gli abitanti del Convitto, sicurezza e tranquillità in quanto, il complesso era collegato con l'esterno da quattro grossi tunnel di entrata ed uscita, forniti di stradelle percorribili da piccoli camion o carri animali.

Aiello Calabro 6 Settembre 1943

A BANDA DA PRACA
RICCARDU, U MUSSUTU E LLA BANDA DA PRACA

Per la stesura di questo "Racconto del Castello" i cittadini di Aiello, debbono ringraziare non Giulio di Malta che ha solo riportato quanto alcuni "Vecchiotti " aiellesi nel 2000 gli hanno narrato dettagliatamente riguardo agli avvenimenti.

Mi riferisco al Collocatore Francesco Ianni, a Settuzzo Russo detto "Settechiriche," a Peppe Coccimiglio, a Ninno Cuglietta, a Ciccio Volpe, a Mario Naccarato, a Giannino Bennardo, a Filippo Muti.

I fatti narrati fanno parte delle radici del nostro paesello e riguardano, a quell'epoca non c'era la TV e la radio era agli albori, i passatempi della popolazione del primo dopoguerra, la Banda Musicale, le Grandi sfide a Tressette e briscola nelle cantine o al dopolavoro, le partite di calcio, le sbornie serali, i piaceri diurni e notturni della famiglia.

Nella Mattinata si passava il tempo con le trovate dei buontemponi che ne combinavano di tutti i colori a danno di chicchessia. Le trovate della Banda della Chiazza e della Praca, sono i fiori all'occhiello di un'epoca aiellese che definire eroica è cosa limitativa e per la bellezza e unicità degli avvenimenti e per l'intelligenza e valenzia degli ideatori a loro volta attori, registi, conduttori di valore.

Essi, infatti, per molti anni, con i loro scherzi, con le loro trovate hanno messo alla berlina tutto il paese, hanno preso in giro tutto e tutti non appena se n'è presentata l'occasione. Hanno fatto ridere ed arrabbiare qualche volta, anche se per pochissimo tempo, uomini, donne, giovani, professionisti, artigiani, operai, artigiani del paese, agricoltori dei dintorni.

I Caporioni Riccardo Capparelli, Mico Solferino, Mastro Geniale Naccarato, Nicola Marasco, residenti alla Praca da dove conducono le operazioni.

Zazà, Fiorenzo Pucci, Genio Bennardo detto u Mussutu, Oddone e Rosario Vocaturo, tutti residenti alla Praca, sono i primi aiuti. Fiorenzo, Sicoli, Salvatore Russo, Remigio Sicoli, Ciccio di Nella, Peppino Pucci, Rosario Civitelli e Caterina gli associati esterni, prime essenze e personaggi indispensabili per la Banda.

Come data, siamo nel primo dopoguerra. Aiello vive la "Ricostruzione" del Paese Italia dove la fame, ormai è un brutto ricordo con i suoi artigiani validissimi, con i suoi professionisti, con i suoi operai ed agricoltori che lavorano alacremente e giornalmente senza sosta.

Fatta questa premessa necessaria, passiamo al racconto vero e proprio che è certamente un'accozzaglia di fatti perlopiù ridicoli, spesso impensabili ed inverosimili.

Luglio 1946 alla Praca sono ubicati in fila il negozio di Rosario Vocaturo e Nicola Marasco, in fila il salone di Oddone, la sartoria di Riccardo, la calzoleria di Zazà e l'ufficio di Fiorenzo Pucci.

Sotto la "Vota" la Cantina Civitelli, alla curva, su Corso Umberto la Cantina Solferino e nel palazzo al primo piano la Sartoria di Mastro Geniale.

Naturalmente il Capo indiscusso e riconosciuto del "malaffare comico e del teatro rionale all'aperto" è Riccardo, Papà Pacifico, Istrione, attore nato, volpe astuta e intelligentissima che ha nel Marasco un degno e valido "Secondo".

Il sabato mattina è usanza e costume del Circondario del paese che i "Foritani", cittadini abitanti fuori delle Mura, per lo più contadini, piccoli e medi proprietari terrieri, gente benestante, scendano o salgono in paese con moglie e figli da Cannavali, da Borgile, da Santa Caterina, dalla Stragolera, da Alzinetta per fare acquisti, per andare dal medico, per farsi la barba e i capelli, per far visita alle botteghe artigianali, per sfidarsi nelle cantine a tressette e briscola con umiltà conclusiva a Padrone e Sotto.

La guerra, terminata da poco, oltre la politica che spesso genera piccole innocue violenze, ci ha lasciato, tuttavia, una quantità enorme di nuovi usi e la necessita di possedere svariati oggetti necessari alla vita di tutti i giorni. Per esempio tutte le famiglie e i fumatori in genere, possiedono una macchinetta per accendere il fuoco, le sigarette, i sigari, le pipe.

In paese e nel circondario, la macchinetta in lingua italiana, accendino, è costituita da una fattispecie di pistolone ricavato dall'involucro esterno di un proiettile di moschetto o mitragliatrice, fornito di uno stoppino ed una rotellina di acciaio saldata sul fianco. La rotellina, mossa da un dito strisciando sulla pietrina, genera delle scintille che accendono lo stoppino imbevuto di benzina e che è ricoperto da una capsula quando non è in funzione. Le pietrine, provenienti dal contrabbando dei marinai americani, in ferie o di stanza a Napoli sono competenza esclusiva di Fiorenzo Pucci che le acquista nei viaggi quindicennali che fa per lavori di imbarco o sbarco nella Metropoli Partenopea. La ricarica della benzina è incombenza esclusiva di Riccardo che la effettua in cambio di denaro o derrate agricole; uova, salumi, formaggi, frutta, verdure, fichi secchi ecc ecc.

Giorno 14 Luglio alle ore nove, un ricco agricoltore di Stragolera, si presenta al Salone di Eugenio Bennardo, detto "Geniu u Mussutu" e lo invita ad effettuare taglio dei capelli e rasatura della barba.

"Mastru Gè", sedendosi alla poltrona girevole, sussurra a bassa voce, "tagliu di capilli e varba ccu nna certa velocità ca tiegnu pressa". "Tiegnu na sporta e mbasciate de fare. Un puozzu perdere tiempu. Muglierma ìe ndo don Frodindu a sse misurare a pressione e visitare l'uocchi. Facimu nfretta ca puru io haiu de passare de ndo Mastru Riccardu ppe me fare carricare a machi-

netta de benzina".

Così dicendo tira fuori un grosso proiettile di mitragliatrice con rotellina, catenina e cappelletto e dice sorridendo:

"Meh! Mastru Gèniu Pagnotta ìe n'artista ppe mestiere qualità e bellizza du prodottu" e fa fuoco.

Al primo colpo il proiettile genera una fiammella poderosa per intensità e lunghezza di figura. Terminata la dimostrazione con una certa fierezza ed un gran sorriso, l'agricoltore, spegne la fiamma, usando il cappellotto sorretto dalla catenina, ed aggiunge:

"A matina, ccu chissa me scialu ad appicciare u focularu. Grande, grande u Pagnotta, Mastru Gè! Grande u Pagnotta. Ma u stamu a guardare. Partimu. Partimu ccu ssa varba e capilli ca tiegnu pressa!"

Con calma il Barbiere intovaglia il cliente, lo posiziona in altezza e gli chiede:

"I capilli luonghi o all'Umbertu!"

Il foritanu ci pensa un attimo poi sentenzia:

"Normali, Mastru Gè. Normali cumu tagliu".

Con veloce movimento delle mani ed uso alterno di forbici e macchinetta, u Mussutu inizia il lavoro di sfumatura, sfoltimento e sistemazione delle basette. A taglio terminato, c'è una leggera passata con piumino di borotalco profumato e quindi, con cambio di tovaglia, si da inizio alla sbarbatura. Con leggero movimento rotatorio del pennello carico di schiumoso sapone e pressione del dito alluce, Eugenio prepara il viso del cliente per la rasatura con rasoio a mano libera. Due o tre minuti di insaponamento e quindi la domanda:

"Giuvà, a varba a vue de due o tri lire!" E due lire,Mastru Gé! E due lire", è la risposta.

Tenendo con la mano la parte superiore del viso, parte la prima rasoiata che genera un sussulto del cliente che fermando il braccio del Barbiere grida:

"Ppe llu ciucciu, Mastru Gè! Ppe llu ciucciu! Stu rasulu me pare nna lima! A faccia mia un ìe nnu piezzu de fierru! E llu Diavulu, Mastru Gè! E llu Diavulu"!

Il Barbiere si ferma e poggiando il rasoio sulla mensoletta sovrastante il lavandino, con un'espessione alquanto seria e muovendo le mani come faceva il Cristo, soggiunge:

"Un te lamentare si rasche nu pocu u rasulu, a curpa ìe da tua, io un ce puozzu fare nente. Io haiu sulu obbeditu a quantu ha cumadatu vussuria. Ha volutu a varba de na lira e un ìe giustu ca te lamienti. Tantu valanu i rasuli italiani, tantu valanu".

Il cliente toccandosi la faccia risponde:*"Jedona! Mastru Gè! Un ìe questione de rasulu! Stamatina me pare ca tieni a manu abbastanza pisante! Jedona Mastru Gè! Si ìe sulu na questione e rasulu, cangiamulu. In ogni modu, un facimu troppu chiacchiare, ripietu, si ìe sulu na questione de rasulu, passamu alla varba de tri lire, ma facimu mpressa ca io un tiegnu tiemp e perdere."*

Come un lampo, Eugenio chiude l'anziano rasoio che usa per le basette e sfodera un luccicante "Solingen" tedesco che non ha sulle spalle neanche un anno di lavoro cambiando, oltretutto l'uso della mano che scorre leggera, leggera sulla pelle e rade senza intoppi. A rasatura terminata Giovanni soddisfatto e felice soggiunge:

"Moh! Si ca jamu d'accordu Mastru Gè! Moh! Si ca jamu d'accordu!"

Eugenio ostentando un ampio ed accattivante sorriso aggiunge:

"A rrobba tedesca ìe n'atra cosa" e con la mano destra ed un batuffolo di cotone inumidisce la faccia del cliente prima con alcol quindi con un dopobarba che emana un profumo gradevolissimo. Terminato il lavoro di taglio e rasatura, l'agricoltore, si alza, paga con sette lire il lavoro del Barbiere e si trasferisce

nella sartoria di Riccardo che trovasi sulla sinistra all'uscita del Salone.

"Buongiorno a vvui Mastru Riccà, sussurra Giovanni, entrando nella Sartoria Buongiorno a vvui" e velocemente infila le mani in tasca ed al Sarto che non ha avuto neanche il tempo di rispondere al saluto, mi consegna due grossi accendi sigari ricavati da due bossoli di mitragliatrice dicendo:

"Ccu nna certa velocità riforniscimili de benzina ca tiegnu pressa. Ccu pacienza, controlla ca un add'essere propiu scarricu ppecchì ìedi fermu de cchiù de nu mise Fallu ppe l'anima di muorti". e porge i due pistolotti.

Riccardo imbambolato dalla velocità di esecuzione e dalle chiacchiere è assente pur tuttavia come un automa prende i due accendini, li osserva quindi passa alla prova della scintilla su ambedue. Uno al girar della rotellina, fa scintille, l'altro no. Con perizia e molta calma estrae il corpo con la rotella e controlla l'aggeggio smontandolo. Avuta la risposta, ricompone l'accendisigaro e rivolto al "Foritano" sentenzia:

"Giuvannù, a petrina sind'ìe juta! Ce vue l'interventu e Fiorenzu Pucci ca un sulu ce cange lla petrina, ma spazzule puru a rotellina ca divente nova, luccicante e funzionante senza problemi. Giuvà aggiunge a bassa voce:u sa ca Fiorenzu ìedi nu tipu difficile. Ccud'illu ie miegliu avire u San Giuvanni e tanta pacienza e lle dare chillu ca te cirche, ppecchi u matariale ìe de prim'ordine".

Quindi gli porge il motore della macchinetta e gli sussurra con un'espressione serissima del viso, *"Vacce a nume mio ca certamente t'accuntentet'accuntente e te munte puru a petrina. A cosa fatta torna cca ndo mmie ca ntantu io te carricu i dui serbatoi. A questo punto si alza e grida:"Tonnù! Tonnù! piglia a buttiglia ccu lla benzina, u cuntagucce e vieni ccà".*

"Obbedisco tosto, Summà. Arrivo subito" risponde il ragazzo e

si avvia. Mentre è in attesa di Tonnuzzo con la bottiglia di benzina e si accinge ad aprire la vetrina, entra nell'Atelier una persona non conosciuta da Riccardo, ma molto amica di Giovanni che, dopo il "buongiorno" profferito ad alta voce poggia sul tavolo della sartoria un tovagliolo con della roba e saluta con una grande stretta di mano Giovanni. Questi, che ha una gran fretta raccomanda l'amico al Sarto e lascia di corsa il locale. Il nuovo venuto si presenta con nome e cognome, quindi, rivolto a Riccardo, dopo aver estratto dalla tasca il solito proiettile accendino, dice:

"Avrei bisogno di aver caricata con benzina,la mia macchinetta". Riccardo che ha gli occhi concentrati sul tovagliolo, che non sa a chi fosse diretto e cosa contenesse, accettata la presentazione e replica:*"Accomodatevi che vi servo subito. Tonnù! Tonnù! Sbrigate! Porta a benzina e llu contagucce."*

"Papà", replica il giovane con tono amorevole e pacato. *"Papà, ìe supr'u tavulu avanti a ttie! Si cecatu"*! Riccardo si volta, prende la bottiglia, la apre, infila il grande contagocce e con una veloce operazione, carica il serbatoio anche perché, con cenno della mano, ha fatto sedere il nuovo arrivato su una delle sedie parcheggiata intorno al tavolo. Terminata la prima operazione di carica del serbatoio del primo accendino, si fa porgere il secondo pistolotto e, senza far e la prova della scintilla, carica a sua volta il nuovo serbatoio.

Ecco a voi sussurra porgendo all'uomo di Persico le due macchinette. Ecco a voi tutto vi costa due lire. Giovanni prende i due pistolotti, paga il dovuto, quindi estrae dalla tasca una bottiglietta vuota, la porge al Sarto più che mai intento ad osservare il tovagliolo e soggiunge: *"Mastru Riccà un sacciu si circu troppu, M'avissivu de inchiere de benzina sta buttigliella"*.

Quindi, spostandosi verso il tovagliolo, lo fa segno di porgerlo e aggiunge:

"*Me signu permissu, ppe llu ncomodu ca ve circu de, ve porta-re quattru stuocchi e sazizze e na vrancata de ova frischi e ior-nata*".

Riccardo con mossa fulminea arraffa il selvietto lo porge a Tonnuzzo insieme alla bottiglietta e gli ordina: "*Va supra, porta u stiavuccu a mammata e pue inchia de benzina a buttigliella*".

Tonnuzzo che sa che sopra non c'è nessuna bottiglia di benzina dalla quale prelevare il liquido richiesto guarda il padre con occhi terrorizzati ed aspetta ordini. Riccardo replica:

"*Tonnù! Va supra, porta u stiavuccu a mammata e pue inchia de benzina a buttigliella du signure*" e fa una certa mossa, infilandosi la mano nella parte anteriore dei pantaloni. Il ragazzo esegue l'ordine e dopo due minuti, con la bottiglietta colma e ben tappata, ritorna dal padre che lo accoglie con un gran sorriso, dicendo:

"*Ha fattu cumu t'haiu dittu! Ha pigliatu a benzina gialla!Duna a buttiglia allu signore*". Tonnuzzo, senza pensarci due volte, porge la bottiglia all'agricoltore e rientra nel retrobottega salutando con leggero movimento della testa. Giovanni, ricevuta la bottiglietta, mette le mani in tasca e preleva una lira e la consegna a Riccardo per la carica di carburante effettuata e soggiunge: "*Mastru Riccà, a quantu corrisponde llu ncomodu ppe lla buttigliella ca u figliu vuostru m'ha inchiutu! Quante lire v'haiu de dare! Nente*", risponde Riccardo,"*Me baste lla rrobba ca m'ha portatu*". A questo punto l'agricoltore prende la bottiglietta che per pagare aveva depositato sul tavolo e trovandola tiepida chiede:

"*Cumu mai sta benzina ìe cavuda!*" *E'frisca* sentenzia Riccardo! *E' frisca appena nesciuta da pompa, va mpace figlicì, va mpace.*"

L'immediatezza della risposta di Riccardo convince il "Foritano" che salutando lascia la Sartoria. Il Giorno dopo a prima mattina l'uomo di Persico, che si chiama Luigi, si presenta in Sartoria, mette la bottiglietta sul tavolo e grida:

"Mastru Riccà, sta benzina un arde. Cumu mai! cumu mai "!

Riccardo che si aspettava la fatidica domanda risponde con una gran risata che lascia di stucco l'agricoltore e lo confonde. Quindi, con una faccia tosta che eguale non c'è, da quel grande istrione che è, con una geniale trovata e risposta risolve la "querelle" e salva capra e cavoli. Ridendo ,poggia la mano sulla spalla di Luigi e con voce calda ed affettuosa gli sussurra :

"Figlicì!A curpa de chillu ca iedi successu, purtoppu ìe de figliuma Tonnuzzu ca supra ha pigliatu a buttiglia sbagliata. Mbece de scindere chilla ccu lla,benzina ha portatu chilla, purtroppu de formatu gualu ca cuntene l'urina e muglierma ca serve ppe fare l'analisi. Quandu mi nde signu accuortu, haiu mandatu u guagliune a te circare, ma nun ìe statu possibile te rintracciare. Luvigiù, purtroppu, su cose ca capitanu, io te puozzu sulu circare scusa supratuttu ppecchi u povaru Tonnuzzu ìe statu mbrogliatu du fattu ca a benzina e l'urina tenanu u stessu culure giallu. Luvigiù, su cose ca capitanu" e dicendo questo apre il cassetto del tavolo, prende una boccetta, piena di liquido giallo e la consegna al cliente.

Luigi, in evidente confusione mentale per l'accaduto, che, come un automa, prende, la bottiglietta, la stappa, odora il contenuto e scoppia a ridere a sua volta a quattro ganasce per più di un minuto. Dopodichè, rimette il tappo alla bottiglietta,la infila in tasca e, per terminare, portandosi ambedue le mani sulle tempie, rivolgendosi a Riccardo, dice ad alta voce:

"Quantu signu fissa! Da puzza m'avie de rendere cuntu ca un ere benzina."

Quindi rivolto a Riccardo che naturalmente ostenta un paterno sorriso, allargando le braccia, chiude il discorso con una grande stretta di mano e con l'impegno di diventare cliente permanente dell'Atelier. Uscito Luigi, Riccardo agli attoniti Oddone e Tonnuzzo grida:"*Sveglia guagliù! Ere tuttu previstu!E' juta cum'avie de jre.*"

Aiello Calabro 10 Luglio 1946

I GALLUZZI
DONN'ORTENZIA, RICCARDU E LLI GALLUZZI

Siamo nel 1956 e precisamente a fine Novembre, primi di Dicembre. ad Aiello la vita trascorre abbastanza tranquilla e si lavora alacremente in tutti i campi .L'aiuto consistente del popolo americano ha spinto ad un angolo le querelle politiche e la gente opera per migliorare la situazione familiare.

La D.C. governa il Paese e con la politica che pratica ha allontanato il fantasma della riforma agraria, con la consegna della terra ai contadini e la cosa ha fatto si che le famiglie benestanti investissero denaro per migliorare le rendite e quindi la vita dei coloni, degli operai avventizi, dei coltivatori diretti.

Aiello, con le sue Contrade abbastanza abitate da persone alquanto laboriose è un "Territorio" a grande vocazione agricola popolata, da gente che vive discretamente che è in condizione si sostenere un artigianato folto e di qualità che esporta buona parte della sua produzione nei paesi vicini. Insomma Proprietari Terrieri, Artigiani e Coltivatori Diretti sono il Fulcro dell'economia paesana che è sufficiente sempre ed eccellente nelle annate agricole buone.

E' costumanza aiellese nelle festività natalizie, pasquali, dei santi patroni e del Corpus Domini, che coloni e piccoli proprietari, facciano regali ai loro datori di lavoro,ai medici ai professionisti con i quali si avevano obblighi, ai sacerdoti. La Maggior parte dei regali è costituita da capretti, agnelli, polli, uova, bottiglioni di vino e di olio e di altre derrate agricole.

Donna Ortenzia, moglie del Notaio Giovanni Solimena Professionista molto in vista del paese, uomo meritevole e caritatevole, stimato ed ossequiato da tutti, proprietario di un Fondo Agricolo in contrada Giani, nel periodo natalizio, riceve in regalo moltissimi polli sia dai coloni, sia da altri agricoltori che hanno obblighi con lui.

Madre di una numerosa prole che segue personalmente con l'aiuto di alcune cameriere, non ha il tempo di interessarsi dei regali agricoli diretti a don Giovanni, e d'accordo col marito, ha delegato il Sarto Riccardo, di interessarsi della raccolta dei regali, della macellazione, del recapito dei capi macellati naturalmente dietro un lauto compenso in natura. Poiché donn'Ortenzia è di manica larga, non solo con i polli, ma anche con il resto, per la famiglia di Riccardo, l'incombenza è una manna piovuta dal cielo e tutto fila alla perfezione, anche perché l'amicizia che lega Riccardo a Don Giovanni parte dai tempi del Nonno del sarto preciso e puntuale come un orologio svizzero in tutte le mansioni richieste. Oltretutto Riccardo ha una famigliola numerosa ed il Notaio, anche per questo, quando necessita da una mano all'amico.

Per i primi tre anni del dopoguerra, va tutto bene nel senso che a Natale, Pasqua, San Geniale, Festa della Madonna delle Grazie a casa Solimena i polli abbondano e superano. Il terzo anno, che inizia con una fortissima e lunghissima nevicata, inizia un periodo di scarsissimo reddito nelle campagne che comporta un crollo del lavoro artigianale ed agricolo in tutto il territorio di Aiello.

La conseguenza primaria e che si riduce il lavoro manuale e per le famiglie numerose è tempo di "arrangiamento"con annessi e connessi.

Riccardo cerca con tutti gli espedienti di far fronte alla bisogna,ma le bocche da sfamare sono tante e troppe per le sue risorse, e, poiché la cinta non può essere stretta oltre una certa misura, comincia ad attingere alle fonti che giornalmente si riempiono.

Naturalmente ci vanno di sotto le derrate agricolo alimentari di donn'Ortenzia che subiscono decurtazioni mai volute e praticate, ma dettate dalle necessità giornaliere della famiglia, non procrastinabili.

La diminuzione delle entrate agricole, non sfugge all'occhio attento di donna Ortenzia che in un primo momento ritiene possa dipendere dal ritardo nelle consegne dei coloni e dei clienti e se ne sta buona buona. Quando l'assenza di consegne e la quantità non rientra nella normalità, informa del fatto don Giovanni, esortandolo a cercare di risolvere il problema, perché le bocche da sfamare a casa sono tante e non vorrebbe ricorrere al salvadanaio per bilanciare le spese.

Don Giovanni, appreso del problema, tranquillizza la moglie con un: *"Va bene. Pò vidimu"* che tranquillizza la moglie e significa oltretutto: *"sto elaborando un atto importante, a pranzo, vedremo di risolvere l'inconveniente."*

All'ora di pranzo,consumato il pasto, dopo aver sorbito la tazzina di caffè, che la moglie gli ha portato prima di sedersi intorno al tavolo per riposare, don Giovanni con voce calda e paterna dice: *"Ortè, haiu pensatu allu problema chi m'ha dittu e t'haiu de fare na domanda prima e te rispundere. Diciame, diciame quanti figli tene Riccardu ca io nun lu sacciu! Giuvà un sacciu si su sette o uottu. Brava, Ortè! Brava"*. Quindi, ostentando, un grande sorriso aggiunge:

"U sa cchi vo fare. Cculla cambarera, mandale alla casa nu fiascu de uogliu ca st'annu un ce su state ficu ed'alive e l'artigiani e l'operai finu a primavera certamente spachiianu. Fa cumu te dicu Ortè ca ne va ppe l'anima di muorti e nui ppe quattru panari de rrobba e cchiù o de menu, un cangiamu posizione".

I TRI JRITA
RICCARDU U FORITANU E LLI TRI JRITA

Venti Dicembre 1946, Aiello e tutto il Circondario di Amantea, hanno messo da parte i guai e la fame causati dalla seconda guerra mondiale ed è in fase di decollo per quanto riguarda la Ricostruzione sostenuta dal "Piano Marschall".

Con i suoi reduci professionisti, artigiani, agricoltori, contadini, operai generici che lavorano alacremente e con assiduità e professionalità, si avvia a diventare un paese di gente autosufficiente. A professionisti preparati e coscienziosi, si associano artigiani validissimi ed operai e contadini laboriosi che insieme determinano uno stato sociale di media portata, confinando la fame in basso loco.

Riccardo è un ottimo Sarto e, soprattutto un buontempone di prim'ordine, che, appena può, con altri amiconi, ne combina di tutti i colori a scapito di tutti quelli che loro capitano a tiro.

La classe vittima di Riccardo, sono i "Foritani", chiamati così non in senso dispregiativo, ma perché, vivendo in campagna, abitano ancora oggi, fuori dalle mura ideali della roccaforte paesana. I "Foritani" per lo più, gente benestante di Contrade, come, Borgile, Macchia, Cannavali, Stragolera, Giani, Montagna, Carbonara, Alzinetta, Copano, Santa Caterina, sono i migliori clienti per le botteghe artigianali ed alimentari. Sono,per ben intenderci, il salvadanaio inesauribile di lavoro per tutto l'anno.

Le campagne delle Contrade ben coltivate e molto fertili, diventano una "manna"del Cielo quando c'è una buona annata agricola olearia e vinicola.

Il 1946 è un anno di ottima raccolta per quanto riguarda, grano, granone, oli e vino, e Professionisti ed Artigiani sono oberati di lavoro e prenotazioni.

Sarti e Falegnami, sono impegnati, lavorando fino a tarda sera ad esaudire le richieste con date di consegna dei manufatti poco attendibiliin quanto a puntualità. La vendita dei prodotti della terra porta in paese un enorme flusso di denaro che, in buona quantità,si fa circola per acquisti di vari generi e con ordini di consegna dei manufatti procrastinati nel tempo.

Riccardo, Sarto e grande buontempone, con il Natale che incombe, è oberato di lavoro "forestiero, paesano e foritanu"ed è costretto, per non perdere i clienti a scaglionare il lavoro in modo da coprire i mesi di magra di Gennaio e Febbraio.

A fare i salti mortali, riguardo alle prenotazione di cucire con una certa velocità nuovi capi di vestiario per intere famiglie. Ad accontentare, insomma, vecchi e nuovi clienti facendo il Quinto Fabio Massimo per conservare lavoro e cliente. Non ha, tuttavia, problemi di consegna in genere, perché con la facile circolazione del denaro lavorano tutti gli Atelier e le Botteghe Bazar di Aiello.

Ma il Diavolo, dicono gli antichi, mette la pentola ma mai il coperchio e Riccardo suo malgrado, è costretto a constatare a sue spese la veridicità ovviando ad una futura perdita di grandi introiti con un super lavoro durante il periodo natalizio.

Il 15 Dicembre, giorno della grande Fiera Aiellese di Santa Lucia, alle ore 11 circa Riccardo è in Sartoria intento a cucire alla Singer super veloce, giacche e gilet che due dei suoi figli hanno "nghiumatu" e di volta in volta gli passano quando di scatto si apre la porta ed entra un grosso signore accompagnato da due ragazzi, fisicamente ben piazzati, che reggono due grossi pacchi. Si caccia il cappello, chiude la vetrina e poi, rivolto agli astanti, con un vocione cavernoso, esclama:

"Buongiorno a tutti, mi scuso dell'invadenza e chiedo di poter poggiare ed essere ascoltato da Mastro Riccardo".

"Buongiorno a vussuria, rispondono con calda voce, i tre ad-

detti ai lavori, accomodatevi mettetevi a vostro agio. Trasiti ed accomodative, assettative, continua Riccardo, ca finisciu de cusere u collettu da giacca e sugnu a vvui. Trasiti ed assettative. Tonnù duna na seggia allu signore e tu spostate supr'a cassapanca".

Quindi, rivolgendosi al nuovo cliente aggiunge, facendo segno con la mano, poggiati e stoffe supra u tavulu misu all'angulu e dicitime. *"Mastru Riccà, io de solitu me sierbu ndo nnu Sartu de Grimaudu ppe lle cusiture ca serbanu alla casa e ppe lla verità me signu trovatu buonu nsing'a mmue. U problema ìe ca haiu de jre, ogni vota ca me necessite, lladi e, criditime, jedi na bella caminata ca me fa perdere tra acquistu da panname e cusitura due o tri iornate ppecchì, ccu llu cumpaggiu ca tiegnu, ppe lla materia prima me sierbu ndo llu cumpari Rusariu Vucaturu. Ppe lla verità, u Cumpari ogni Vota ca cumpru a panname ppe mmie o ppe lli cauzi di guagliuni, me fa lla capu tanta, e fa segno con le mani, e me cazziie buonu buonu ppe llu tiempu ca cce vue a jre a Grimaudu e ppe lla spisa e viaggiu ca un ìe pitirilla. Ma cridame, mastru Riccà, su cchiù de sie anni c a u grimaudise me serbe e me tratte buonu allu priezzu e m'ì parsu bruttu u lassare finu ammue. Ma cridame, me signu siccatu de ire avanti e arriedi ppe nna cusitura de cauzu o de vestimientu mio, de muglierma, di guagliuni. Ma vuogliu stare a sentere ppe nna vota u Cumpari Vucaturu e Giuvanni de Cicchella amicu de vecchia data ca m'hanu sempre dittu".*

"Francì! Un sacciu si si fissa o u vue fare u fissa. Chine tu fa fare a te fare na grande caminata da casa a Grimaudu, ppe te fare cusere nu vestitu o nu paru de cauzi. Ad Aiellu c'ìedi nu certu Riccardu, ch'ìe nu grande Sartu grande amicu nuostru e tu va trovandu "friscatule" ca te custanu perdita de tiempo e de dinari. Haiu volutu stare a sentere u consigliu de dui grandi amici ed eccume ccà puru pecchi u Vucaturu intr'a ricchia a va-

scia vuce m'ha dittu: a fiancu a mmie c'iedi Mastru Riccardu, un sacciu si iedi libaru a stu momentu de te potire cusere subitu quantu te necessite, ppecchi, data l'annata agricula bona, ce su tanti mpigni ca simu sutta Natale, ma signu sicuru, ca farà tuttu u possibile ppe t'accuntentare. Vacce a nume mio ca certamente, no ppe tuttu u lavuru, ma ppe ancuna cosa t'accunte. Provace, un te custe nente, portale i dui "scampuli" de stoffa ca t'haiu datu e parra pocu".

Riccardo, mangia la foglia,capisce di avere a che fare con un foritano furbo non troppo sempliciotto e molto superficiale, decide di giocare al futuro cliente un tiro dei suoi. Giocando d'anticipo e, sicuro di essersi già accaparrato il lavoro, sale in cattedra, e con voce chiara e accattivante sussurra:

"Francì"! Esordisce, *"guarda i Guagliuni, quantu lavuru tenanu de nghiumare poggiatu supra u bancune. Io propiu, ppe ssu motivu t'avissi de dire un te puozzu accuntentare, passa fra quindici juorni. Ma nun llu puozzu fare ppecchì te mande Rusariu Vucaturu ca sole fare ste cose sulu ppe amici amici. Io de parte mia circu de t'accuntentare, ma tu, accuntentate, circa de un pretendere l'impossibile. Mò, lassa e stoffe e torna cca ccu lli guagliuni u vinti e dicembre ca pigliamu e misure e prima de Natale, viiu de te cunsignare i manufatti,"*

Francesco, contentissimo per la risposta ricevuta e l'impegno assunto, altri Sarti, interpellati, non avrebbero consegnato il lavoro prima dell'Epifania, poggia la stoffa sul tavolo, saluta e va via.

Uscito il cliente, Tonnuzzo e un altro ragazzo che aiutava a smaltire il lavoro di preparazione, si alzano dallo sgabello su cui sono seduti ed inveiscono con parole grosse contro il Sarto per qualche minuto. Riccardo come se nulla fosse continua il suo lavoro e lascia sfogare i due giovani. Quando il silenzio torna nell'Atelier. Questo è interrotto dalla voce del figlio che poggiando il pantalone sul tavolo dice con voce tonante:

"*Mastru Riccà! Cca fattu! Te si scordatu ca su dece iuorni ca nui due jettamu u sangu a nghiumare, cusere alla machina e stirare da matina alle sette alle vintidue da sira senza ne riposare. Me dolanu e manu a mintere buttuni, fare purtelle, nghiumare colletti. Cumu facimu a cunsignare a stu Franciscu i manufatti. Mastru Riccà u Vinti io me licienziu e bonanotte alli sonaturi. Tieni ragiune, figlicì, replica il Sarto. Tieni ragiune, ma me sa ca vussuria un ha consideratu ca Mastru Geniale e l'atri colleghi mie cumu u simu nui, puru loru su chini de lavuru e ccu nna scusa stanu circandu e se tenere buonu u cliente. Si nui un le cusimu, armenu, i cauzi di guagliuni e le facimu cumprare e stoffe ca serbanu ppe l'atri lavuri, u Franciscu dopu Natale te salute e torne all'anticu. Tonnù ìe nnu grande pagature e tene nna famiglia numerosa,si un me sbagliu dece figl, e chissu ppe nnui significhe sordi. U capisci chissu. Ha lassatu a stoffa e sse penze de m'avire pigliatu ppe fissa ccu lla parapasciuta de Rusariu Vucaturu. Tonnù ma signu signata allu jritu pitirillu da manu sinistra. La fazzu pagare cara nancora ud'ìe natu chillu c'adde pigliare ppe fissa a patrita. Ancora un ìe natu. Parola e Riccardu Tonnù. Te, ammuccia a stoffa e mo stamme a sentire e mparate. Giorno diciotto u furbu tenterà de me costringere a lle cusere subitu, prima e Natale, u vestitu. Giorno diciotto ve fazzu divertere. Haiu calcolatu, figlicì, ca ce vue la fine e l'annu ppe le cunsignare u vestitu. Chissu ppecchi adde jre a Napuli e un nde puodi fare a menu. Tonnù!Ricordate. Giorno diciotto c. m. ve fazzu divertere*".

Giorno diciotto alle ore nove, con un paniere pieno di mercanzie agricole, salcicce, formaggio, patate, verdure ecc ecc, Francesco, in compagnia del primogenito si porta alla Sartoria, entra e poggiando il paniere sul tavolo grida a gran voce:

"*Buongiorno! Eccomi qua ccu llu figliu*"."*Buongiorno a vus-*

suria", risponde Riccardo."Cumu mai de ste parti!" "Siccome haiu dovutu portare u guagliune a visita ndo Don Frorindu, signu scisu ad'Aiellu e quindi haiu pensatu d'approfittare du fattu ppe ve fare na visita e v'ossequiare ccu quattru ciotie campagnole ca muglierma ha sistematu intra u panaru".

Così dicendo indica il paniere pieno del ben di Dio e si siede su una sedia che stava vicino al tavolo. Riccardo, con calma, prende il paniere lo porge a Tonnuzzo esegue e lo invita ad andare su dalla madre pregarla che lo liberasse subito del contenuto e che provvedesse a riconsegnarlo, una volta svuotato al Signor Francesco Tonnuzzo esegue l'ordine e rientra dopo pochi minuti. Francesco, che nel frattempo si è seduto su una delle sedie con il figlio a fianco, riavuto il paniere assume un'aria patriarcale e rivolto al sarto esordisce dicendo:

"Certe vote un è ca potissimu pigliare e misure du quatraru e lle mie stamatina. "No Francì! No! A menziuornu, haiu de cunsignare stu vestitu ca tiegnu alle manu e ce vue cchiù de n'ura de lavuru ppe llu finire. Cridame, a stu momentu un puozzu perdre tiempu e un essere puntuale ccu lla cunsigna. Propiu ppe te ringraziare du pensieru c'ha avutu ccu llu panaru, vieni domane alle dieci ca t'accuntientu. Troppu lavuru, avimu intra stu periodu. Io, Tonnuzzu e llu discipule, simu troppu stanchi. Francì, vieni domani ca fazzu tutt'u possibile ppe t'accuntentare".

Così dicendo pigli i paniere poggiato sul tavolo,lo da all'agricoltore e gli porge la mano in segno di saluto.

Uscito il Contadino, Riccardo, rivolto al figlio e ad Oddone che nel frattempo è entrato nell'Atelier sussurra a bassa voce: *"Domani a stu furbacchiune tu cuonzu io. Sti Foritani su Veramente curiusi. Se penzanu veramente d'essere cchiù furbi de l'atri. Tonnu! Domani tu fricu io. Oddò! Un mancare domani alle dieci ca tu Fricu io stu furbbacchiune. Tu fricu io".*

L'indomani, alle dieci precise Francesco ed il figlio si presentano nella Sartoria dove il numero dei lavoratori è aumentato perché, anche Oddone è seduto ad un angolo intento a d applicare ad un Gilet i bottoni frontali e salutano all'unisono. "*Buongiorno Mastru Riccà*" e si siedono a due sedie vuote parcheggiate alla parete sinistra. Riccardo che è di spalle si volta e mostrando la mano sinistra appesa al collo con tre dita fasciate, con voce flebile e faccia di circostanza, risponde: "*Buongiorno a vussuria. Signu fricatu. Signu fricatu.*"

Mostrando, inoltre le tre dita fasciate, aggiunge: "*Tiegnu a ssa manu, e mostra la destra libara cinque jrita, mentre a chissa e mostra la destra fasciata, tri jrita cchiù due. Cchi ruvina! cchi ruvina, m'ìe chiovuta supr'e spalle figlicì. Un puozzu fare propiu nente e rimette la destra fasciata nella sciarpa. Cchi ruvina ca m'ìe chiovuta ncuollu. Propiu mue m'avie de capitare stu guai*" ed assume l'espressione delle persone preoccupate e piagnucolose. Quindi assumendo con le gote la classica espressione della persona sofferente, Francì, sussurra, *m'àde scusare, ma ccu ssa manu, conzata ccussì ca mbece de cinque jrita nde tene due cchiù tri ppe due o tri iuorni signu costrettu a me stare quietu. Un Puozzu lavurare Francì!Un puozzu lavurare ppe llu Diavulu. Ahi! Ahi! cumu dole e si siede di scatto sulla sedia portando la mano non fasciata alla testa. Ppe lle misure, Francì! Sinde parre intru a simana prossima*" e si siede di nuovo.

L'Agricoltore, colpito dal fatto che la mano è tanto fasciata ed appesa al collo e dall'espressione di sofferenza del viso del Sarto si immedesima, apre le braccia come il Cristo benedicente e risponde con voce tremebonda: "*Ppe carità, Mastru Riccà! Ppe carità! Curative buonu, un t'affaticare!Avissimu e fare c'arrassusia se cumpricassiru e cose. Un pensare a mmie e figliuma ca potimu aspettare. Un Pigliare friddu. Curate, curate Mstru Riccà! Sinde parre dopu Natale*".

Quindi si alza, piglia per mano il figlio e dopo aver accennato ad un saluto collettivo lascia l'Atelier. Stupefatti ed increduli Tonnuzzo ed Oddone, che non hanno fiatato durante la sceneggiata trattenendo a stento la voglia di ridere, dopo appena un minuto dall'uscita del cliente dalla Sartoria, si guardano in faccia e scoppiano a ridere talmente forte che il padre di Oddone, Barbiere con il locale a fianco, non sapendo cosa fosse successo, si presenta sulla soglia ed esclama:

"Cchid'ìe c'aviti cumbinatu! Be! Cche c'è da ridere! Papà, risponde Oddone,sempre ridendo a crepapelle, Papà! Nui un avimu cumbinatu nente. Guarda Mastru Riccardu cum'ìe cumbinatu" e, sempre ridendo, racconta l'accaduto senza nascondere neanche il più piccolo dei particolari della sceneggiata.

Il Barbiere, vedendo Riccardo che con serafica calma e pazienza, sbendava il braccio che alla chetichella, senza che nessuno dei presenti sene accorgesse si era, non più di un'ora fa auto bendato, resta perplesso e quasi, quasi non crede ai suoi occhi e diventa pensieroso.

E' questione di un attimo dopodiché con uno scatto si porta vicino al Sarto e dopo averlo apostrofato con l'esclamazione: *"Nda cumbinatu n'atra de tue e puru sta vota t'ìe iuta bona ca u"Foritanu" un t'ha paliatu"*ed attacca a ridere fino al punto chè è costretto a sedersi e tenersi la pancia.

Aiello Calabro 20 Dicembre 1946

U VESTITU
RICCARDU, ODDONE, U FORITANU E LLU VE-STITU

Questo racconto per rendere omaggio ai grandi artigiani che il nostro paesello ha avuto nel secolo passato. Uomini validi che per il mestiere e la fantasia creativa hanno fatto si che Aiello fosse conosciuto in tutta la Regione ed anche oltre.

E chiudo gli occhi e sogno vedo sfumate le figure di Mastro Peppino Plastina, grande falegname ed eccezionale Scultore del legno, Mastro Gaetano Sicoli, Mastro Genio Pedatella, Mastro Giovanni Bennardo, Falegnami Universali, Mastro Attilio Muti, grande Fabbro, meccanico costruttore anche di armi, vissuti nella prima metà del novecento: Alfonso Aragona, Angelo Rodio, Gaetano Pedatella Alfredo Vairo, Guido e Settuzzo Bennardo, grandi ideatori e costruttori di mobili pregiati in legnami massicci che ancora oggi fanno bella mostra di se ad Aiello, Roma, Milano, Cosenza, ecc., ecc.

Questo racconto per ricordare valenti ed intelligenti artigiani del braccio che con il loro lavoro hanno rappresentato un'epoca come Riccardo, Oddone, Zazà, Mario Bennardo, Guglielmo Vairo, Antonio e Carlo Giardino, Pasquale, Ciccio e Settuzzo Russo, Eugenio Volpe ed altri di cui non ricordo il nome.

Uomini che se fossero nati in una Regione come il Veneto o la Lombardia, avrebbero creato con la loro fantasia e valenzia del mestiere rinomati "Complessi Industriali"come ce ne sono tanti nel Nord Italia ancora oggi. Avrebbero, certamente, dato inizio ad una dinastia che altrove ha portato molti come loro ad essere Cavalieri della Repubblica, per merito di lavoro. E' dedicato a tutti quei piccoli imprenditori che hanno avuto il coraggio di restare in Calabria a lavorare con grandi difficoltà economiche e sociali, sperando che, come succede in tutto il mondo, le piccole industrie artigianali diventassero il fulcro dell'industria nazionale nel territorio.

Siamo nell'immediato dopoguerra ad Aiello, dove, dopo la fame ed i guai della seconda guerra mondiale, si comincia a vivere discretamente. Sono rientrati dal fronte o dalla prigionia i reduci, molti dei quali invalidi o affetti da malattie croniche e la vita paesana ha ripreso il suo cammino. Con il ritorno degli uomini dalla guerra è ripreso il lavoro pubblico e privato.I"campagnoli", chiamati impropriamente" Foritani" perché, sono nati ed abitano fuori dalle mura e sono da considerarsi, errando vistosamente, oltre che ignoranti, poco intelligenti e per niente educati, hanno ripreso a bazzicare in paese e spendere qualche lira.

In questo periodo infatti, i "Foritani", che sono l'unica categoria di aiellesi a non aver avuto problemi di sopravvivenza durante la guerra, cominciano a frequentare il paese, le "Putighe" di alimentari, le sartorie, i saloni dei barbieri, le "Putighe" artigianali, le cantine che diventano luogo di scambi commerciali.

Grazie al contrabbando, nei negozi, che sono dei veri e propri "Bazar", si trova di tutto e tanta roba che era scomparsa e che di contrabbando, costava un occhio della testa è, ora, esposta nei negozi a prezzo accessibile.

Negli atelier c'è per lo più lo scambio prestazione artigianale dietro fornitura di cibarie agricole. Riccardo Capparelli, buontempone per antonomasia, persona intelligentissima ed ottimo sarto, ha la Sartoria alla Praca e domina la scena con le sue trovate, barzellette, fatti ridicoli, che lo consacrano re del Rione. La squadra di buontemponi o "fissiaturi" come li chiamano ad Aiello, è completata da Mico Solferino, Nicola Marasco, Geniale Naccarato, Zazà, Fiorenzo Pucci, Genio ed Oddone Bennardo alla" Praca", Remigio e Fiorenzo Sicoli, Roberto Aloisio e Ciccio Jacucci in Piazza Municipio.

Il lavoro non manca, la fame è un cattivo ricordo, ma il denaro non circola abbondantemente, ragion per cui l'arguzia di Riccar-

do, che ha come aiutanti suo figlio Tonnuzzo ed il giovane barbiere, suo vicino Oddone, si scatena creando, quando è possibile, situazioni comiche come quelle che mi accingo a narrare senza aggiungere e togliere alcunché.

Siamo nel mese di settembre 1947 e precisamente al giorno
dieci. Ad un'estate buona per gli agricoltori del circondario, che
hanno effettuato ottimi raccolti, segue una campagna olearia che
promette lauti incassi dalla vendita dell'eccellente prodotto in
quanto a qualità. Il benessere, apportato dalla vendita dei prodotti della terra, fa si che principalmente gli artigiani si trovino oberati di lavoro per le commesse record che ricevono e che richie-
dono un certo lasso di tempo per essere smaltite.

Riccardo il sarto, sebbene abbia aumentato il numero di "disci-
puli" assunti per la bisogna, non ce la fa a smaltire per la prima
quindicina di Dicembre le ordinazioni ricevute di pantaloni e vestiti. Con paesani e contadini nuovi e vecchi clienti, si barcame-
na come può, rimandando o effettuando più volte le prove di misurazione dei manufatti. Pantaloni, vestiti, gilet vengono misura-
ti più volte con rinvio di consegna, questo per non perdere il
cliente. A metà ottobre, un grosso e facoltoso contadino della
contrada Cannavali, padre di otto figli e accreditato di un vasto
parentado, si presenta in Sartoria e rivolto al titolare; intento a"
nghiumare" una giacca, con voce calda ed amichevole dice:

*"Buongiorno Mastru Riccà. Rusariu Vucaturu, m'ha mandatu
ndo vvui ppe lla cusitura e nu vestitu no ppe llu lavuru giorna-
lieru, ma buonu ppe lle feste e lli viaggi fore du paise. M'ha dittu ca siti u miegliu sartu d'Aiellu e oltretutto, no troppu caru.
Un signu vostru cliente, ma u volissi diventare, e circu scusa si
me permiettu de dumandare si fussi possibile ca a cunsigna av-
venissi la simana prima de Natale. Mastru Riccà! A cosa ìe possibile o no"!*

Riccardo, che conosce il campagnolo, come persona benestante e seria, padre di famiglia numerosa, che oltretutto sa, che se dovesse diventare suo cliente stabile, significherà acquisizione di una certa quantità di lavoro stabile e ben remunerato, con cenno della mano blocca il discorso. Quindi, non potendo garantire un termine certo per la consegna dei manufatti, con le feste di Natale vicinissime, non volendo, oltretutto rinunciare ad un grosso guadagno immediato e futuro, dato il grande numero di familiari a carico, non risponde subito. Con la mano poggiata sulla testa fa finta di fare della contabilità quindi, assumendo un'aria cattedratica e seria, sussurra a bassa voce:

"Va bene! Va bene! Cercherò di accontentare vussuria

pue te fazzu cumprare a stoffa. Quatrarì! Te raccomandu d'essere puntuale sinnò, pierdi u turnu e lla cunsigna du vestitu slitte a dopu Capudannu".

"Ppe carità! Ppe carità! Dopu a Bifana, haiu de jre a Napuli ccu Mastru Remigiu Sicoli Agente nautico ca ccu llu Piroscafu arrive cuginuma de l'America e nun me puozzu presentare ccunna vestitura vecchia, lorda e puru stritta. Ppe carita! Mastru Riccà, fammillu stu piacire, circa de fareu possibile ppe m'accuntentare, ca, in seguitu, io e tutt'a famigliate restamu obbligati. Anzi, pensanduce buonu, quandu tuornu e Napuli, a tuttii quatrari, cusimu na vestitura. Tiegnu na bella mandricella de figli, sette masculi e tri fimminelle, benedica, mastru Riccà e ppe lli criscere ci nde vuonu vestimienti. Ormai ca ce signue de mue avanti finu a quandu campu un cangiu cchiù sartoria".

Tende, quindi, la mano in segno di saluto soggiungendo: *"Ne vidimu u sabatu matina mastru Riccà! Ne vidimu u sabatu. Tanti ossequi a vussuria".*

Riccardo, che ha studiato il tipo di cliente con il quale ha a che fare e dedotto che oltre la cucitura del vestito può giocargli qualche tiro birbone essendo, il foritano, un bonaccione e quindi uno che accetta lo scherzo, decide di agire. In pochi minuti elabora il piano di guerra e da fuoco alla miccia. Chiama a convegno il suo braccio destro, Oddone, Barbiere che insieme al padre soprannominato "Geniu u Mussutu" ha il Salone a fianco della sartoria e gli fa il discorsetto che segue.

"Oddò, tu dicu mue subitu, sinnò minde scuordu: "me necessite l'aiutu de vussignoria. U sabatu matina, quandu vidi trasirendo mmiechillu foritanuca ìe nesciutu nu momentu fa, Franciscu da Stagulera, fatte videre ccu nna scusa qualunque. Te raccomandu, dopu u salutu de un fare atre domande de dire sempre si alle cose ca te dicu e fare. Oddò, tu ripietu, fatte videre ccu nna scusa e nna vota chiamatu dicia sempre si, mai e pue mai no".

Sabato mattina alle ore nove il Cliente si presenta puntualmente in sartoria ancora una volta con un grosso paniere pieno di di succulenta mercanzia agricola. *"Me signo permissu, esordisce, poggiando il tutto sul tavolo, de te portare quattru cosicelle e chille ca facimu ccu muglierma. Due supressatelle, na pezzulella e casu pecurinu, nu fiaschiciellu de uogliu d'alive ed'atre cose bone ppe lla famiglia. Mentre me pigli a misura ppe llu vestitu vida sime pue fare sbacantare u panariellu ca m'haiu de ricogliere priestu alla Stragulera".*

Riccardo alla vista di tutto il ben di Dio, contenuto nel paniere che dimostra la bontà e la generosità del buon uomo, è frastornato e sconcertato ed è tentato di desistere di giocare al Foritano il brutto tiro preventivato.

La comparsa di Oddone che, spinto dalla curiosità ha anticipato l'entrata in ballo, lo sveglia. Diventa il solito attore comico che tutti conoscono in paese, capace di fare cose che a prima vista sembrano impossibili. Giocando tiri birichini a chicchessia, con una naturalezza sconcertante.

Una volta entrato, Oddone, rivolgendosi al Sarto, esordisce dicendo: *"Buongiono Summà cce su ordini!"* *"No"* per il momento è la risposta immediata. *"Assettate, in ogni modu. Assettate ca me du na manu a pigliare e misure ppe cusere nu vestitu allu zu Franciscu ccu nna certa urgenza. Quindi, rivolto a suo figlio "Tonnuzzu" che, seduto vicino alla vetrina d'entrata, calmo, calmo, come al solito, stava" nghiumando" la giacca di un altro cliente, gli da un ordine perentorio a voce alta. Piglia a scupa e pulizza buonu sutt'u tavulu mpressa, mpressa"*.

Tonnuzzu che non si aspettava un ordine così perentorio e secco volta la testa verso il padre e lo guarda esterrefatto e sconcertato, ma si alza avendo ricevutola conferma del da farsi con un perentorio vai secco a voce alta e un leggero movimento della testa. Con l'aiuto di Oddone, sposta il tavolo e con l'uso prolungato della scopa pulisce il pavimento. Quindi ripone all'angolo l'attrezzo usato e rivolgendosi al padre, ostentando un malizioso e beffardo sorriso, esclama:

"Ordine eseguito summà". Il cliente, che ha seguito in silenzio tutto l'evolversi della faccenda e non immagina minimamente a che situazione comica e ridicola, sta andando incontro, da persona perbene qual è interviene esclamando:

"Mastru Riccà! Scusame, ma prima e me sottoporre alla pigliata de misure, vussignuria, un m'ha dittu ne quanta stoffa ce vue, ne quante lire ppe lla mano d'opera." "Figlicì è la risposta, de stoffa bastanu tri metri e mienzu, de manu d'opera, dopu tuttu chillu ca m'ha ragatu ccu llu panaruna decina e lire." Pped'essere precisu, figlicì, u prezzu finale dipende, e pigliando il metro in mano si porta vicino a lui ed incomincia a toccargli le spalle, il davanti e le parti basse della giacca dipende du tiempu ca ce vue alla refinire datu ca te truovi ad'avire na bona stazza. Oltretuttu, un si nemmenu tantu vasciu d'autizza e quindi escimu fore da normalità. Pienzica, ccu nna quattrina de metri de stoffa criu ca ci la facimu. Pienzica, rescimu a ci la fare. Iè llu cagnu Mastru Riccà! Esclama, l'uomo di Cannavali, nde sa

de pipe e de sale stu vestitu. In ogni modu, siccome un nde puozzu fare a mmenu, jamu avanti Summà, pigliamu ste misure".

Il Sarto non replica, ma guarda beffardamente il cliente che si siede ed attende ordini da Riccardo che nel frattempo improvvisa una conta con ampi movimenti delle dita per distrarre il malcapitato. *"Si! Ccu tri metri e ottanta ci la fazzu a vestere nu cazzale cum'e ttie de nu metru e ottanta a sumare. Ci nde vue stoffa ppe tte fare nu vestitu decente"*.

Quindi, rivolto al Barbiere che, aveva seguito la scena, gli chiede: *"Tu ca tieni l'uocchiu criticu cchi nde pienzi! Si. Si. Tieni ragiune tu, Mastru Riccà i quattru metri e stoffa ce vuonu e cumu"*.

La replica è istantanea e perentoria: *"Oddò fa a summa de quantu te dicu. Dui metri e cinquanta ppe cuverire l'autizza, sessanta centimetri ppe llu cavallu, vinti centimetri ppe lli rivuoti suttani di cauzi, sessanta centimetri ppe maniche e colletti, quantu fa! Piccirì, aiutame ca un signu praticu a fare cunti. Quantu fa.! Si un me sbagliu, carissimu Summastru, fa tri metrie novanta"*.

A questo punto c'è l'escalation della serata e questa si abbatte sull'ignaro uomo di campagna come un macigno. Dalla regìa, parte un ordine perentorio: *"Tonnù, ccu l'aiutu de Oddone, spostati u tavulu a n'angulu e faciti largu"*. Quindi, rivolto al cliente gli grida: *"Tu cacciate a giacca e curcate nterra lla ndo c'ere llu tavulu ca ncignamu a pigliare e misure"*.

Velocemente si porta vicino al cassetto del tavolo, lo apre, prende il gesso con il quale segna sulle stoffe tagli da farsi ed errori da correggere e voltandosi verso il cliente lo invita con un cenno del braccio ad eseguire, l'ordine. Il cliente, esterrefatto, lo guarda e vedendo che l'altro continua a fare segni con il braccio si caccia la giacca e si corica a pancia in giù come e dove gli viene ordinato.

"No d'accussi! Francì. No d'accussì ccu lla panza all'aria! Ccu lla panza izata. Me raccomandu. Un te movere", quindi, rivolto ad'Oddone gli da il gesso e gli grida: *"priestu, priestu signa nterra a sagoma du signure bella, bella, precisasenza sbagliare. Te raccomandu, senza sbagliare sinnò pue capitare ca i cauzi le vanu a stringiaculu"*. Oddone che vorrebbe ridere a crepapelle per la comicità della scenetta e la faccia di bronzo di Riccardo, sulla quale non appare neanche il movimento di un muscolo, riesce, con uno sforzo enorme, a restare serio ed eseguire l'ordine.

Nel momento in cui, l'aiuto sarto si accinge ad iniziare l'operazione di delimitare riportandolo sul pavimento col gesso, la sagoma del cliente steso a terra, si apre, con gran rumore, la vetrina dell'entrata nel locale ed un nuovo personaggio fa la sua apparizione. Si tratta di Michelicchio detto" a Crozza", un agricoltore che abita ad Alzinetta cliente affezionato e grande amico del titolare della sartoria, famoso nel circondario perché la circonferenza della testa è una misura fuori del comune. Esattamente settanta centimetri.

Una volta entrato, poggia sul tavolo di lavoro uno "stiavuccu" con derrate agricole alimentari quindi, con un vocione baritonale che rimbomba fortemente, rivolgendosi a tutti gli astanti, dice:

"Bongiorno a tutti i presenti, mastru Riccà. Signu passatu amme pigliare u cauzune du guagliune e lla giacca mia giustu cumu aviamu patteggiatu". Quindi fa un passo avanti certamente per scambiare una bella stretta di mano con l'amico steso a terra a pancia all'aria con Oddone che tracciava col gesso la sua sagoma sul pavimento. Ed ha un momento di sbandamento che supera chiedendo ad alta voce:

"Cumpari Francì cchi fa tu cca stisu nterra! Un te sienti buonu! Guagliù, si serbe llu miedicu vaiu io a pigliare a don Frorindu. Ccu mmie se move subitu e vene a te visitare. Sta buonu,

*Micchelì. U cumpari Franciscu sta magnificu e salute. Tranquil-
lizzate, tranquillizzate, Michelì"*! Ma "Crozza" non del tutto
convinto, essendo insolita la posizione a terra del compare, aggiunge:

*"Mastru Riccà, ppecchì sta posizione a panza all'aria, curcatu
nterra. Michelì, Michelì ridacchiando soggiunge il Sarto, Franciscu sta buonu ed'ìe posizionatu nterra ppecchì le stamu pigliandu a misura generica ppe lle cusere nu vestitu senza erruri.
Ppe lla giacca tua e lli cauzi di guagliuni vieni domani sira ca
truovi tuttu prontu. Grazie da rroba ca m'ha ragatu ccu llu stiavuccu. Salutame a signora tua, ne vidimu domane"*. Con la destra afferra lo stiavucco vuoto, un saluto col cenno della mano al
compare Francesco che risponde con un cenno, e, imboccando la
porta di entrata, dopo aver aperto la vetrina, lascia la sartoria
dove ha inizio il secondo tempo della sceneggiata.

Oddone, nel frattempo ha terminato di tracciare a terra la sago-
matura col gesso e attende ordini e se ne sta buono, buono nei
pressi del tavolo. *"Oddò, misura a longhizza di vrazza e de
gambe e mortiprica ppe due e diciame quantu fa"*. *"Già fattu
Summà! Già fattu. Settant'uottu centimetri a gamba e ottanta u
vrazzu. Nu biellu pisasale"*, ragiona ad alta voce il Sarto, muovendo le dita come se facesse della contabilità. Nu biellu pisasale Quindi, alzando il tono di voce, continua: un metro e venti per
due, quantu fa figlicì. Oddò, aiutame un metro e venti per due,
quantu fa! Fa dui metri e quaranta centimetri, papà sogghigna
stizzito dal suo angolo suo figlio Tonnuzzo.

*"Dui metri e quaranta, me signu spegatu buonu. Settant'uottu,
dicimu ottanta, fa cento sessanta, meno quaranta, ca me restanu
di ritagli, quantu fa Mastru Oddò. Si nun me sbagliu tri e sessanta giustu cum'aviti dittu vui. Figlicì! Fa azare u cannavalise
e ccu l'aiutu e Tonnuzzu, sistemati allu postu suo u tavulu.
Francì, grida, rivolgendosi al malcapitato, steso ancora a terra*

come un Cristo crocefisso. Francì azate e vieni cca ca compreta mu a misurazione all'impiedi. Azate! Scattare ca u tiempu passe e su sordi ca se perdanu".

Il cliente, stanco per la lunga attesa steso in terra, si alza e si fa misurare tutto, gambe, braccia, piedi, pancia spalle, collo. Terminate le misure, si alza, indossa la giacca ed attende ordini. Riccardo, ostentando un caldissimo sorriso, si avvicina, lo squadra e poggiandogli amichevolmente la mano sulla spalla gli dice: *"Mastru Francì, avimu finitu a misura generica, ce vuonu tri metri e sessanta de stoffa, ppe te cusere u vestitu. Va mpace cchiù priestu puorti a stoffa, cchiù priestu te dugnu u vestitu. Tena presente, figlicì, ca necessitanu due misurazioni ntermedie ppe farenu lavuru decente. Va mpace figlicì, va mpace".*

Con un grande saluto della mano, Francesco imbocca l'uscita affermando: *"Bongiornu a tutti, ne vidimu domani matina ccu lla stoffa."* L'indomani di buon'ora con un drappo di stoffa di tre metri ed ottanta circa, l'agricoltore si presenta alla sartoria. Poggia la stoffa sul tavolo e sussurra:

"Mastru Riccà, ndaiu pigliatu trenta centimetri de cchiù, ca un se sa mai. Rusariu Vucaturu, ca m'ha fattu, varba, pilu e contropilu riguardu allu priezzu totale, non sulu ve mande lli saluti ma m'ha assicuratu ca a panname ìe de prima qualità sopratuttu ppe llu fattu ca cce siti vui ppe llu mmienzu. Speriamu ca fussi daccussì".

Controllati. Controllati. Riccardo che aveva già analizzato con lo sguardo lo scampolo che era, non super, ma buono, fa finta di controllare col tatto delle mani il tessuto ed a bassa voce sussurra: *"T'ha trattatu buonu, Franciì, a canusciu sta stoffa ìedi rroba e Gambuni e me auguru ca puru u priezzu fossi decente".*

L'agricoltore, a questo punto, si avvicina e a bassa voce nell'orecchio comunica al sarto il prezzo del tutto. "Ottimu Francì. Ottimu Francì t'ha trattatu veramente buonu data a qualità. A simana chi trase facimu a prima prova de misurazione, e, si tuttu va bene a simana dopu te dugnu u vestitu. Grazie. Grazie Mastru Riccà, permettiti ca regalassi stu fagottu ccu dui stuocchi e sazizze allu discipule vuostru Oddone ppe llu ringraziare du lavuru passatu e futuru.

Consegnato il pacco ad Oddone, regalando agli altri astanti un grande saluto agitando le mani, il cliente, apre la vetrina, imbocca l'uscita e lascia la sartoria. Oddone, che certamente non si aspettava un epilogo così generoso con lui è come scioccato e sta zitto impalato a fianco a Tonnuzzo che come al solito nghiuma. Viene, diciamo svegliato dalla manata che Riccardo gli rifila sulle spalle e dalla calda voce del sarto che dice: *"Risbigliate, mastru Oddò, oie n'ìe juta bona! Ppe ttie ce su quattru stocchicielli e sazizza di cannavali, ppe mmie a stoffa ppe li cauzi vernili di quatrari. Ringraziamu u Signure, figlicì. Ringraziamu u Signure"*.

Aiello Calabro   10 Novembre 1947

U CAPPELLUZZU MICHELICCHIU RUSARIU E LLU BORSALINU GIGANTE

Il Racconto che sto per narrare ha inizio il 15 Novembre 1947 nel momento in cui Michelicchio, aiellese abitante ad Alzinetta entra nella Sartoria di Riccardo in piazza Praca e trova il Discepolo Oddone che traccia con il gesso il perimetro della figura di un signore steso a terra immobile.

Sbigottito per la scena che si presenta ai suoi nocchi, non sa che fare ma, spinto anche, dalla curiosità, si avvicina alla scena e resta di stucco. Un attimo e riconosce nell'uomo disteso a terra un suo caro amico di Cannavali, Francesco.

E' istintivo chinarsi, schiaffeggiare l'uomo e chiedere agli astanti:

"Cchi tene! Un sta buonu! Ppecchì un se move!" Poi, repentinamente, si china, schiaffeggia ancora, l'amico e domanda a alta voce:"Francì! Un te sienti buonu! Ppecchì un te movi! Cchi t'ìeccessu! Quindi, rivolto agli astanti esclama: "Guagliù, datime na manu all'izare e e ragare all'istante ndo llu miedicu ca stadi a cinquanta metre de cca! Sbrigative! sbrigative! Pelanduni ca un siti atru. Quindi si alza di scatto disponendosi a passare a vie di fatto. L'azione viene bloccata dalla calda voce di Riccardo che, con calma, dice: "Cumpari Michelì, un c'ìe bisuognu e don Frorindu, Franciscu, fori maluocchiu, sta ccu lli cagni ed'ìe curcatu nterra ca Mastru Oddone sta pigliandu e misure ca serbanu ppe le cusere nu vestitu nuovu. Assettate ca appena finitu me diedicu tuttu a ttie. Assettate. Assettate".

Michelicchio, tranquillizzato si avvicina al sarto e sussurra a bassa voce: *"Io ere venutu ppe te circare consigliu riguardu a chilla discussione c'haiu avutu stamatina ccu Rusariu Vocaturu ca un vue capire ca io un le puozzu pagare chillu cappelluzzu ca*

*illu tene de cchiù de n'annu certu nu priezzu superiore allu va-
lure du capu. Cumpari Riccà,a voglia ca cecalie ca ìe nu Borsalinu de grande qualità. A mmie un minde friche nente, Borsalinu
o Petramalise ìe nnu cappiello cumu tutti l'atri ca nessunu ha
volutu finu a mmue. Vue o nun vue m'adde fare nu grande scun-
tu ca un signu nu sprovvedutu e sacciu,de fonte sicura, ca alli
negozianti i materiali ca vindanu, frutte llu duppiu du prezzu ca
circanu. Mastru Riccà u Vucaturu sta vota, s'adde accuntentare
de guadagnare u giustu ca cca nessunu e fissa"*.

Il Sarto, impegnato nell'operazione vestito dell'amico Francesco, sebbene, abbia capito quale fosse il problema, non può che
cercare di guadagnar tempo. Quindi, dopo aver fatto finta di
pensare alla soluzione, con una faccia tosta che rasenta il ridicolo, mormora:

*"Michelì, vieni dopodomani, ca ce vue tiempu ppe conchiudere
ccu Franciscu. Frattantu me studiu buonu u probrema e de na
manera o de natra, trovamu, cumu a risorbere a nostru favore a
cosa"*.

Felice e contento,Michelicchio, saluta gli astanti e grida ad alta
voce: *"Grazie Cumpari Riccà! Ne vidimu dopudomane alle
nove."*

Ad alta velocità apre la vetrina e lascia l'atelier. Il secondo
giorno alle ore nove e qualche minuto, puntuale come un orologio svizzero, Michelicchio, con il paniere pieno di prodotti agricoli della terra, si presenta alla Sartoria, saluta gli astanti e porge
direttamente a Tonnuzzo il recipiente, soggiungendo: *"cumpari
Tonnù, va supra e famme sbacantare da cummari u panaru ca
ìedi rrobicella frisca e genuina ca io parru ccu Mastru Riccardu"*.

Il Sarto, nel frattempo, si è avvicinato e, preso in consegna il
recipiente, fa segno al ragazzo di eseguire la richiesta del compare Micheliccio, infatti,è persona molto stimata ad Aiello ed è

legato a Riccardo da un comparaggio maniacale di vecchissima data al punto che, nei momenti di necessità il parere del Sarto, diventa fattore di primaria importanza.

Per dovere di cronaca e ben seguire l'evolversi degli avvenimenti, c'è da precisare che in paese, a causa di un testone che ha un perimetro che supera i sessantacinque centimetri è conosciuto col soprannome di "Crozza".

Infine c'è da precisare che da tutti, nel circondario di Aiello, è ritenuto un uomo facoltoso, tranquillo, educato che non sperpera il denaro, tutto terreni, lavoro, casa e famiglia. Insomma un tipo preciso, diffidente, furbo ed intelligente che è difficile, "mettere nel sacco".

E' un Contadino col cervello fino difficile da turlupinare e confondere a parole. Dopo aver dato al Compare Riccardo il paniere fra i due c'è una grande stretta di mano che la dice lunga. Terminati i preliminari il Sarto viene messo al corrente della guerra che intercorre tra "Crozza" e Rosario Vocaturo Negoziante di Piazza Praca, per via di un cappello che l'uno vuole vendere a un prezzo esorbitante e l'altro vorrebbe acquistare a prezzo di svendita. Conosciuto il problema del Compare Agricoltore, Riccardo lo fa accomodare in una delle sedie del tavolo di lavoro,quindi,dopo aver riflettuto per qualche minuto, gli dice:

"Caru Cumpari Michelicchiu, avimu a cchi fare ccu n'uossu tuostu ca canusce llu mestiere e lli sordi. Ccu nnu capunista ca si dice no difficilmente torne arriedi. Ccu carma e pacienza cuntame di colloqui intercursi tra vui due u cchù dettagliatu possibile ca ce vuogliu videre chiaru.".

Seguono due o tre minuti di silenzio rotti dal vocione di Michelicchio che precisa: *"Mastru Riccà, tu u sa quantu io stimu vui Mastri d'Aiellu ca siti certamente i miegli du Circondariu da Mantia, ma cridame, certe vote vulissivu gacciati, scusame si ce mbiscu puru a ttie. Siti sempre ncombutta ccu lli negozianti e nsieme tirati u lazzu finu all'estremu limite. Mastru Ricca, u lazzu se pue spezzare e, cridame, si se spezze su guai ppe tutti, ppe vvui ca restati senza lavuru e ppe nnui ca iamu a spendere cchiù du duppiu e un te dicu avutru."*

Riccardo che ha seguito attentamente il discorso ma non ne ha afferrato il chiaro significato e la sottigliezza, lo guarda attonito senza profferir parola. "Crozza" che al contrario si rende conto di non essere stato capito al cento per cento, aggiunge: "*Vulissivu gacciati. Cumpà ne costringiti a jre fore a cumprare lanette, mutande, cammise, bretelle, scarpe ecc,ecc. Cumpà, ascortame. Piglia u casu mio du cappiellu. Iedi cchiù de nu mise ca ccu Rusariu Vucaturu se guerreggiie supra u priezzu de nu cappelluzzu ca, cuntrariamente a quantu diced'illu l'annicielli i tene e nun se cunchiude. Iedi nu Borsalinu, cumu diced'illu, ma nde vuodi trenta lire. Un ce su Santi e Madonne, o trenta lire, o nente cappiellu*".

"*Cumpà, trenta lire su nna bella summicella, quasi, quasi, si ce cuse nnu vestitu. A stu puntu, ce tiegnu a precisare ca un signu statu ccu lle manu, mmanu, me signu nformatu alla Mantia, a Luonguvardi, a Bellimunte quantu venedi a custare nu cappelluzzu ppe stu pisasale de crozza ca u Pateternu m'ha datu ndote. Tutti m'hanu assicuratu ca faciendu l'ordinazione ndo lu grossista ccu pagamentu anticipatu, ncapu a nna simana te vene cunsignatu e un spiendi cchiù de cinque lire. Cumpari Riccà, me signu spegatu! Te pare ca me puozzu fare fricare faciendu sopratuttu a figura du gramale! Io i sudu i sordi ca guadagnu e ppe mintere e parte trenta lire haiu de lavurare ccu lla L maiuscola na simana tosta. Cumpari Riccà, un sacciu propiu a cchi santu me votare e me signu siccatu de dumandare e ricevere sempre a stessa risposta: "ce vuonu trenta lire. Ce vuonu trenta lire sinnò u cappelluzzu reste cca dintra u negoziu*". Riccardo, che conosce bene la tirchieria di Michelicchio e l'abilità che ha nel vendere il negoziante della "Praca" è frastornato e sembra quasi assente, ma non lo fa capire a Michelicchio al quale, agitando l'indice fa credere che lui la soluzione ce l'ha, ma sta studiando come metterla in pratica senza conseguenze e concessioni.

A questo punto, dopo due o tre minuti di assoluto silenzio, questo viene interrotto dalla voce del Sarto che amaramente sussurra: *"Caru Cumpari, l'avversariu ccu llu quale tieni a cchi fare, ìe nnu malu nzitu. Nun sulu ìe nna grande tinaglia, ma canusce llu mestiere ed'ìe nnu furbacchiune abituatu a duellare ccu lli clienti, specie quandu su paciuccuni e buoni cum'e ttie. Ne tocche de iocare d'anticipu lassandulu cocìre intra u vruodu suo stessu. Ppe prima cosa tu t'a d'armare de santa pacienza e ppe nna quindicina e iuorni un bazzicare intr'Aiellu, scanzandu sopratuttu a Praca e dintorni. Ped'esperienza sacciu ca un cederà mai supra u priezzu finu a quandu tu le fa capire d'essere interessatu a cumprare u cappiellu, Guai a ce fare capire u contrariu o u fattu ca tu un riesci a trovare u sostitutu ppecchi oltre i sessanta centimetri de diametru, ce su picca cappielli o berretti in vendita ad'atri negozi. E veru ca illu sa ca nessunu tene supra i scaffali rrobba ca un se vinde e ca sessanta centimetri de diametru su tanti ppe trovare ad'atri negozi manufatti ppe lla capu tua. Supratuttu, Cumpà, tieni presente ca tu tieni, fori maluocchiu, na misura ca supere lli sessantacinque centimetri e thaiu dittu tuttu. Nfine, Rusariu canusce lli cristiani e tu, essendo nu buonu, prima o poi si destinatu a cedere. Cediendu, paghi chillu ca vuod'illu"*.

Michelicchio a questo punto si alza di scatto, si avvicina al sarto e incazzatissimo grida a voce alta passandosi la mano sul testone rasato a zero:

"Cumpà, tieni ragiune tu, ma mu dici tu ndo a trove nna crozza cum'a mia! Ndo a trove! Un fissiamu Cumpari Riccà!Ndo a tro-

ved'illu, nacrozza cum'acum'a mia" e scaraventa a terra il vecchio, logoro cappello che aveva sulla testa. Quindi afferra la spalliera della sedia che ha fianco e si siede stanco dello sforzo fisico ed intellettuale sostenuto. Riccardo, che probabilmente non si aspettava l'escalation dell'Agricoltore, si alza di scatto ed'applaudendo grida ad alta voce: *"Bravissimo! Bravissimo!Si nna persuna ntelligente e te si data tu stessu a risposta. Mo sa qual'ìe lla soluzione e l'ai de sapire sfruttare allumomentu opportunu. Mo carmate, vatinde alla casa e nformame si t'arrivanu mbasciate. Un fare nente si un t'autorizzu io. Ricordate ca na mossa sbagliata fa zumpare u bancune"*. Per circa un mese, Michelicchio fa l'agricoltore e l'uomo di casa, non scende in paese neanche quando l'ennesima "imbasciata"del Vocaturo gliela porta sua cognata.

Il negoziante forza la mano, ma il campagnolo non risponde e quel che più grave non si fa vedere in sartoria e non fa rifornimento da oltre una settimana presso il negozio di Nicola Marasco, ma si serve altrove. L'andazzo non va giù a Nicola Marasco, ma piace tanto a Riccardo che attende il momento opportuno, per mettere in pratica il suo piano di guerra molto semplice, ma efficacissimo conoscendo bene i due contendenti.

L'occasione gliela fornisce la moglie di Michelicchio che un un bel giorno di fine mese si presenta in Sartoria senza preavviso e dopo aver salutato, depone sul bancone la cistelluzza che ha sulla testa e rivolgendosi a Riccardo sussurra: *"Mastru Riccà, avie dde venire Michele, ma ppe un dare all'uocchiu, signu venuta io ppe lla necessità chi avimu de fare allargare i dui para de cauzi du guagliune ca ìe crisciutu e lle vanu stritti. V'haiu portatu na picca de rrobba frisca de l'uortu e nna decina de ova ppe li quatrari vuostri e lli saluti de maritumma."*

Detto questo, toglie da sopra la piccola cesta lo "stiavuccu", deposita sul tavolo i due pantaloni del figlio e fa cenno a Tonnuzzo di provvedere a scaricarla. Riccardo, ostentando un gran sorriso, si avvicina alla donna e con un flebile e fraterno fil di voce gli dice:

"Cummarè, paparia intr'u Paise ppe nnu paru d'ure e pue passa e cca ca Tonnuzzu, figliuma, te fa trovare i cauzuni allargati e lla cistelluzza sbacantata. Siccome a mmie, quandu tuorni un me truovi ppecchì haiu de jre a fare na mbasciata salutame Michele e diciale ca quandu vue veissi mberu e nove de matina cca ndo mmie ca ìe ura e risorbere u problema ca illu canusce".

La mattina dopo, di buon'ora sono appena passate le nove, Michelicchio con una coloratissima "cuoppula" in testa è già in Sartoria e seduto in un angolo discute animatamente con Riccardo che con chiarissimi gesti delle mani lo sta istruendo. Gli spiega dettagliatamente, sempre gesticolando, il da farsi, quale atteggiamento assumere, quali parole usare senza commettere errori e cedere alle prime offerte.

Trascorsa una mezz'oretta di grande istruzione il Maestro libera l'alunno con una prolungata stretta di mano, l'accompagna alla porta e gli dice:

"Va, me raccomandu. Lassa cca u panaru ca tu pigli dopu. Va"

Michelicchio, come un automa esce dall'Atelier, quando arriva al punto della piazza dove può essere visto dagli occupanti il negozio, rallenta la marcia. Si ferma di scatto, si tocca i pantaloni, si volta lentamente e torna indietro, entra di nuovo in Sartoria e ritorna con il paniere in mano e si avvia lento passo verso Corso De Seta. Fa pochi passi e, giunto alle scale del Negozio Vocaturo, trova sull'uscio Rosario che lo aspetta e lo invita ad entrare.

Con il classico movimento della mano destra fa segno di non voler raccogliere l'invito e continua a camminare.

*"Fermati"*gli grida il negoziante ad alta voce, *"fermati e vieni dintra ca discutimu. Io signu nu buonu negoziante, tu nu bravomu, simu persune civili e rispettuse. Un te Mangiu o malutrattu,*

vieni dintra ca discutimu".

Michelicchio, seguendo i dettami di Riccardo, da inizio alla sceneggiata. Si ferma, fa finta di pensare poi, di scatto, grida ad alta voce:

"Va bè viegnu. Ma si tu un cangi discursu ed haiu de trasere ppe perdere tiempu, una ìe lla trasuta, una l'esciuta".

*"*Trasa.Trasa. Ca un te mangiu*"* e lo prende sottobraccio in segno di amicizia.

Entrati nel negozio Rosario prende il Borsellino, con arte lo gira una, due volte quindi inizia una lunga tiritera che subito viene interrotta dall'agricoltore che, aggiustandosi la "cuoppula", fa finta di avviarsi verso l'uscita. Ha appena fatto un passo quando un:

"Fermate! Ndo vai! Fermate ca ragiunamu.Vieni vicinu u bancune e diciame chillu ca vue fare.Grida ad alta voce il Negoziante. Rusà u Borsalinu tuo, modellu ca oramai tene dui anni supra e spalle, Michelicchiu un tu pue pagare cchiù de cinque lire. Prendere o lasciare. Fermate e ascolta un fare u caputuostu. Un dicu trenta e nemmenu vinti lire, ma nu capu elegante, e finu de culure cumu stu cappelluzzu ci lu vue pagare almenu quindici lire! E dalle. E dalle. Sempre a stessa tiritera. Rusà sempre e sulu cinque lire, ne nu sordu e cchiù, ne nu sordu e manu, si te piace sinnò mintace napezza però, tena cuntu ca a pacienza tene nnu limite".

Per un buon quarto d'ora, i due non sanno dire e fare altro e la faccenda non sembra possa risolversi anche perché l'uno e l'altro si sono resi conto che la verità non è quella che appare ma che è necessario salvare la faccia intento difficilissimo a raggiungersi.

Dopo mezz'ora di tira e molla il Vocaturo, mettendo il Cappello nella sua scatola esclama con dire accelerato:

"Me vuogliu ruvinare, tu dugnu a prezzo di costo. Damme dece

lire e un nde parramu cchiù. Povariellu!Povariellu! Un sacciu si fissii o dici daveru e mo me riendu cuntu ca si daveru na tinaglia d'azzaru svedese. Si daveru nu faccituostu e, alzando il tono di voce, conclude, ma ccu mmie un ci la spunti".

Rosario irritato più dal tono della voce che dal contenuto delle parole, toglie il cappello dalla sua scatola, lo poggia sul tavolo incazzatissimo guarda Michelicchio e grida:

"Amico, guardate allu specchiu e diciame ndo u truovi nu cappiellu cumu chissu!"

E termina con un lunghissimo sospiro. Prima che potesse aggiungere altro c'è la risposta secca e tagliente come un rasoio imprevista ed inaspettata.

Cacciandosi di colpo ancora una volta la "cuoppula" ed inclinando il testone perché lo vedesse bene l'altro,ad alta voce grida:

"Amicu, guardala bona. Tu ndo a truovi na crozza cum'a mia. Ndo a truovi na crozza cumu a mia Rusariu Vucatù! Ndo a truovi."

La risposta è talmente tagliente e sottile nel suo contenuto che toglie la volontà di replicare al Vocaturo che tuttavia non subisce una disfatta totale. Il Cappelluzzo a Michelicchio costa la bella somma di sei lire e l'impegno di diventare un ottimo futuro cliente del Negozio Vocaturo.

Senza vincitori e vinti si chiude cosi una disputa che senza l'intelligenza proverbiale del sarto non si sarebbe mai conclusa. Michelicchio a questo punto, dopo aver messo in testa il conteso Borsalino paga e lascia il Negozio Vocaturo, saluta il compare Riccardo con un roteante movimento della mano destra ed imbocca la rampa di via che conduce sul corso principale del Paese.

Aiello 15 novembre 1947

I CIOTAMPARI

In tutte le Società di ogni epoca storica ci sono stati e sempre ci saranno due tipi di cittadini: "i sbierti e lli cazzuni".

Nel circondario di Aiello, a seconda della Contrada, cambiano gli epiteti selettivi dei cittadini. Tanto per chiarire le idee, trascrivo i più noti ed usati in generale; vurpicella, figlio di ntrocchia, cuorbu, cancarena, spertazzune, cerbellune per gli appartenenti alla prima categoria di cittadini. Jugale, maccarrune, povarucristu, cucuzziellu, ciamele, ciotamparu, cazzune, minchiune, turdulice, capu e pezza, capu e pippa, turdune, sciaqualattuca, per quelli appartenenti alla seconda categoria.

Fatta questa premessa necessaria a far capire in quale ambiente si svolgono i fatti inizio a narrare questi ultimi. Aiello 1947, sono rientrato da poco per cause di forza maggiore dal Nobile Convitto Mondragone, camerata dei "Mezzanelli" e mi trovo immesso in una realtà familiare e sociale a me sconosciute e completamente diverse e distanti anni luce, da quelle del convittore e del cittadino domenicale di Roma. Questo perché nei quattro anni di convitto la domenica col Tram dei Castelli o con la Littorina delle Ferrovie dello Stato mi reco a Roma ospite di Zio Geniale di Malta in viale delle Milizie ed il dopo pranzo scorazzo per la città a piedi o servendomi dei mezzi pubblici. Il rientro dal convitto è stato causato da un odio sperticato di un nuovo professore di lettere nei miei riguardi e di due altri convittori, miei compagni di camerata e di classe e di Regione. Mi riferisco al Professor Costanzo nato a Martirano Lombardo provincia di Catanzaro insegnante novellino, abitante a Frascati che ci ha catalogato come esseri arroganti, irrispettosi, teste dure ignoranti e prive di basi perché distratti e svogliati.

Con le sue prevaricazioni questo illustre mio conterraneo mi ha fatto venire in odio la lingua latina al punto che questa materia è diventata la "res malefica" di tutta la mia vita scolastica fino al conseguimento della licenza liceale scientifica.

Le minacce del "Professor Costanzo" che a fine Gennaio nella pagella trimestrale a noi tre da parere negativo riguardo alla pagella assegnandoci voti che non oltrepassano il tre, inducono il Rettore del Convitto Padre Cube che, conosce bene Giulio ed è legato da profonda amicizia con mio padre a scrivere una lettera con la quale consigliava il ritiro immediato dal Convitto ed il tentativo del recupero dell'anno scolastico da privatista.

Chiusa questa finestra passiamo al racconto vero e proprio che senza il chiarimento di cui sopra sarebbe monco.

Partendo dalle vacanze di Natale 1947 quando rientro ad Aiello dal Mondragone lasciamo che il Castello racconti, attraverso me.

Sono appena tornato da Roma e mi immetto in una realtà molto diversa da quella della capitale dove, per la verità, si vive una vita molto più tranquilla e razionale. Dove la politica si fa, ma non con lotte tribali che spesso rasentano l'illegalità.

Con invidie e dispetti di famiglia che spesso portano a conclusioni ridicole e senza un nesso logico dettate da rancori antichi e barriere insormontabili.

La società che io ho lasciato nel 1939, quando sono partito per il Mondragone, è sparita, non esiste più.

La Sinistra che altrove svolge un lavoro eccellente in quanto a civiltà non esiste assolutamente. La vita quotidiana è un Western all'italiana dove conta non il valore intrinseco delle persone, ma la forza voto qualunque essa sia.

Un parentato numeroso e compatto, che non guardi troppo per il sottile, porta a conquiste spesso ritenute impossibili ad ottenersi e spesso immeritate.

Nei primi anni del dopoguerra le vendette ed i dispetti sono all'ordine del giorno e ne pagano il fio perlopiù, personaggi che non hanno mai fatto male a nessuno e le bellezze naturali che vengono deturpate e mai tutelate.

Politicamente Aiello si riconosce in due realtà, quella rossa, social comunista e quella bianca democristiana. La prima segue militarmente i dettami di Nenni e Togliatti, la seconda seguace dei dettami degli Stati Uniti e del Vaticano.

Al lumicino ci sono i Socialdemocratici di Saragat, i Monarchici, i Liberali, i Repubblicani, i nostalgici del Fascismo con la Fiamma Tricolore del Movimento Sociale Italiano ma hanno pochissima voce in capitolo. Non contano niente anche se Repubblicani e Liberali fanno e faranno parte di tutti i governi De Gasperi.

Il Comune di Aiello, retto dal Professor Rosario Naccarato, con la carica di Commissario Prefettizio, è in mano ai Socialcomunisti che sperano di vincere nelle imminenti elezioni con una lista Capeggiata da Peppe Jacucci che, se eletto, risulterà il primo Sindaco eletto democraticamente dal popolo.

Nel 1948, non sto ad analizzare il perché ed il per come, sono fissate, le prime elezioni politiche generali, ma è necessario spiegare che sono due gli schieramenti in campo che si contendono il "Quorum": il Fronte Popolare con simbolo la testa di Garibaldi e la Democrazia Cristiana con aggregati Liberali, Socialdemocratici e Repubblicani con simbolo lo Scudo Crociato.

Lo schieramento che otterrà il cinquanta più uno per cento vincerà le elezione ed avrà un numero di Senatori e Deputati che gli consentirà di governare da soli.

Nel 1948 il Popolo Italiano è chiamato a decidere se in futuro vuole appartenere al Mondo occidentale o a quello orientale dell'orso russo.

La Vittoria del Fronte Popolare sposterebbe l'asso della bilancia in favore della Russia e lontano dal mondo e sistema democratico americano con conseguenze ignote e pericolose.

Cesserebbero di arrivare in Italia gli aiuti del popolo americano, che, con il Piano Marchall ha avviato la Ricostruzione industriale del Paese ad altissima velocità.

Dopo pochi anni si ritornerebbe ad essere governati da un nuovo Fascismo non più nero ma di colore rosso. Non esisterebbero più le libertà religiose dell'occidente, ma l'ateismo di stato della falce e martello. Per grazia di Dio e volontà del popolo il Fronte Popolare è rimasto lontano dal cinquanta per cento e l'Italia, resta nell'area occidentale, riprende con maggiore velocità la Ricostruzione industriale e finalmente deputati e senatori sono scelti dai cittadini e non nominati dall'alto da personaggi creati dalla sconfitta bellica del dopo estate1943.

A questo punto è necessario descrivere ed analizzare gli avvenimenti che ad Aiello hanno partorito un epilogo anomalo in quanto si è verificato l'assurdo che i cittadini non fanno scattare il "quorum" a favore della testa di Garibaldi e scelgono per governare il Comune la lista di Sinistra che ottiene la maggioranza e scegliere fra gli eletti il Primo Cittadino.

Il giorno dell'insediamento, come previsto, il Consiglio Comunale nomina Sindaco, il capolista della lista vincitrice, Giuseppe Jacucci. Peppe è dunque, il primo Amministratore Comunale eletto dal popolo e non il secondo, come alcune pubblicazioni ufficiali e di partito, purtroppo erroneamente affermano.

Fatta questa precisazione storica che qualunque lettore può constatare consultando l'Archivio di Stato di Cosenza, torniamo indietro e parliamo delle bravate non troppo civili e democratiche, messe in atto e praticate da giovani della sinistra aiellese, certamente comandati da qualche Capo, che non ha mai lavorato con il rispetto della legalità e dei diritti civili di tutti i cittadini onesti.

Nascondersi fino a tarda notte nei giardini dei cosiddetti "Gamboni", parola facile a scriversi, difficilissima a meritarla., o

nei portoni delle case di avversari politici è un privilegio per le
"caste rosse" dell'epoca non un reato penale abbastanza grave.
Se l'illegalità perpetrata dai "Ciotampari" nel Giardino di casa
di Malta, anziché ad Aiello,si fosse verificata a Sambiase ci sarebbe probabilmente scappato il morto. Ma sorvoliamo e, per
dovere di cronaca, portiamoci al periodo Ottobre 1947 Aprile
1948 e descriviamo attentamente e correttamente, cercando di
restare il più possibile al di sopra delle parti.

Questo perché da figlio e da conoscente dei fatti, voglio spaz-
zolare via dai contorni il fango che qualcuno ha voluto depositare intorno alla figura di mio padre Valerio della cui onestà politica e civile io non consento a nessuno di dubitare.

Con l'istituzione illegale dei controlli a mezzo "Ciotampari" si
vuole far sapere agli aiellesi che l'avversario politico anticomunista è sempre l'ingegnere di Malta fuoruscito democristiano e
nemico numero uno del popolo Angelo Giannuzzi e Camillo
Vocaturo controfigure.

Inoltre, sempre per dovere di cronaca, è bene che si sappia, anche se a distanza di tempo che, mio padre, per il suo passato politico, avrebbe potuto fare la guerra da privilegiato facendo il
militare con la divisa fascista, la camicia nera ed un lauto stipendio.

Mio padre ha servito la Patria con la camicia grigio verde e poche lire di diaria e soprattutto, ha considerato chiusa la sua car-
riera politica il giorno otto Settembre 1943 quando Badoglio ha
firmato l'Armistizio che poneva fine alla seconda guerra mondiale da parte dell'Italia.

Questa considerazione è di importanza capitale il cui significato è facile a capirsi. Chi ha ordinato ai "Ciotampari" di violare la
legge nascondendosi in casa altrui non solo resta un delinquente
di non lieve entità, ma un miserabile voltagabbana abituato a
fare il camaleonte politico che non è da considerarsi un cittadino

onesto, democratico moralmente integerrimo.

Se si abbandona l'ambiente paesano le cose e la situazione non cambia molto. Sia la lotta comunale che quella nazionale, sono cruente ed incerte principalmente perché non si hanno punti di riferimento.

Per vent'anni l'Italia è stata governata da una Dittatura, è reduce da una guerra perduta che ha causato la distruzione di città ed industrie ed affronta una votazione che potrebbe risultare un viaggio senza ritorno ed è difficilissimo fare previsioni.

Ovunque, come ad Aiello c'è l'arrivo   giornaliero di cittadini italo americani, parenti stretti di famiglie con simpatie di sinistra impegnate nella lotta in prima linea. Sono persone che mancano da oltre vent'anni e con la scusa della visita turistica sono venuti a svolgere un compito importantissimo combattere il comunismo con tutti i mezzi.

Certamente, oltre oceano, qualcuno ha sollecitato e forse imposto questi interventi perché   per l'Occidente guidato dagli U.S.A., far finire l'Italia nell'orbita Russa sarebbe un disastro non solo militare.

Anche la Chiesa preoccupata per l'evolversi dei fatti, scende in campo con tutte le forze lecite ed illecite per frenare la spudoratezza di una sinistra che si arroga meriti che sono di altri. Questo anche perché considerano il movimento partigiano un loro feudo, ignorando che è stato, al contrario, tutto il popolo italiano dell'epoca a combattere contro l'esercito tedesco e repubblichino con morti appartenenti a tutte le categorie di cittadini.

Le Bande Partigiane, specie nel Nord Italia, guidate da Capi esperti e calcolatori hanno salvato dalla distruzione totale interi paesi, molti ricchi di monumenti storici e reperti archeologici di immenso valore storico.

I comandanti di grande fede comunista, privi certamente di grandi scrupoli ed inquadrati militarmente dalle quinte colonne di mamma Russia e difesi   da una popolazione esasperata da venti anni di mancanza di libertà e di diritti politici hanno avuto carta bianca.

In nome della libertà oltre ai Soldati Tedeschi, la dove è stato possibile, sono stati eliminati Capi e partigiani di fede politica diversa.

Uomini valenti che in futuro avrebbero certamente ostacolato l'espandersi del movimento proletario.

Fatta quest'altra precisazione passiamo a raccontare quanto succede ad Aiello nei mesi che precedono le elezioni, se così si può chiamare quello che è stato un vero e proprio referendum istituzionale.

Sia in Paese che nelle campagne, regna un gran caos. Ci sono ovunque, fino a tarda sera, comizi di personaggi presenti nelle due liste, che ripetono sempre le stesse cose, usando parole diverse. Aiello paese è in fibrillazione continua dalle sei di mattina alle venti, ventuno di sera. Teste calde, e non sono un esiguo numero, del Biancofiore e del Fronte Popolare che ha per emblema la testa di Garibaldi, quando è possibile se le suonano di santa ragione con scazzottate varie per futili motivi, che potrebbero degenerare ma non lo fanno perché, con la caserma dei Carabinieri ubicata in piazza Plebiscito a cento metri da Piazza Municipio e dagli Uffici comunali spengono i focolai dopo pochi minuti e tutto finisce con qualche occhio nero o piccolo bernoccolo sulla fronte.

Dispetti di tutti i generi si consumano dall'una e dall'altra parte senza esclusione di colpi.

Dalle sedici e trenta alle ventuno c'è da ambo le parti un giornaliero scambio di volantini scritti, di accuse tramite giornali parlati, di illazioni personali che se non è materia da codice penale, poco ci manca, di manifesti rotti, emblemi dei due schieramenti dipinti su tutti i muri.

Col giornale parlato dei "Nuovi Garibaldini" che, vorrebbero fare una nuova Italia, trasformando il verde dello Stivale in steppe puzzolenti e putride come quelle di mamma Russia, si cerca di mettere alla berlina i personaggi più in vista quali alcuni Gamboni, con mio padre in testa alla lista, Camillo Vocaturo Segretario grintoso e cocciuto della D.C. aiellese e soprattutto mia zia Flora Cavecchi vedova di guerra in passato esponente di primo piano del Fascismo, in Ungheria, Francia e Spagna. Compagna d'infanzia e di lavoro del Ministro Parini, dai giornali parlati e da gruppi di ragazzini ben istruiti che canticchiavano, arricchendolo con espressioni triviali e risate sguaiate il ritornello:

"E' l'amica di Parini che compila i volantini".

Capisco che in politica, tutto è lecito, ma arrivare a queste bassezze coinvolgendo innocenti voci infantili che metodicamente ogni giorno lo cantavano all'angolo di casa nostra sotto la finestra della sua stanza è troppo. E' certamente frutto partorito dalla mente di qualcuno dei Capi, abituato a vivere nel letamaio di casa sua che riteneva gli altri simili a lui.

Ancora oggi, dopo settanta anni, se vado nella stanza di cui sopra, chiudo gli occhi e mi concentro, vedo la figura di mia zia vicino alla finestra che sorridendo, ascolta, ripetuto fino alla nausea, il ritornello: "E' l'amica di Parini, che compila i volantini".

Con ciò, non voglio dire che da parte della D.C. anzi credo che sia esecrando quanto è capitato a più di una testa calda della Falce e Martello che, dopo aver esplicato tutte le operazioni necessarie all'espatrio e comprato il biglietto, al momento di imbarcasi per gli Stati Uniti o il Canada, gli e stato sequestrato il passaporto e bloccata la partenza con una motivazione non troppo civile.

"Elemento molto pericoloso politicamente comunista sovversivo e violento".Purtroppo anche nei Popoli abbastanza elevati,in fatto di civiltà,libertà, eguaglianza succedono ,spesso,fatti così esecrabili che rappresentano l'anomalia che nessun popolo riesce completamente ad estirpare dalle proprie radici storiche. Purtroppo,queste ultime,spesso,non sono esenti da aberrazioni e finestrelle negative che generano tempeste politiche momentanee.

Che mettono alla prova con oscillazioni pericolose il libero arbitrio dei popoli che incontrano grosse difficoltà a dipanare la matassa e salvare la democrazia e le libertà ad essa ulegate.

Certamente,queste"quisquilie"per dirla alla Totò,tentano,non minano la sopravvivenza di uno Stato Democratico che le combatte e e annulla facendo terra bruciata nel campo dove è avvenuta la semina.

Aiello Calabro Natale 1948

E MATA HARI
CILIBERTU FRANCISCU E LLE MATA HARI

Il 25 Aprile è trascorso da qualche anno e la ventata di grandissima libertà, espressione usata dai vertici del Partito Comunista aiellese e la fine della seconda Guerra Mondiale, rappresentano la conquista più importante fatta dal Popolo Italiano, nel primo dopoguerra.

La fine del secondo Conflitto Mondiale, che nelle Regioni Centro Settentrionali ha generato lutti e disordini, causati dalle molte vendette familiari e personali che si sono perpetrate, trincerandosi dietro lo scudo politico.

Ad Aiello, fortunatamente, si sono conclusi con il taglio di un piccolo   cipresso piantato nella centrale Villetta comunale e la rimozione di un pseudo monumento, che in una piccola aiuola circolare, era stato eretto a ricordo di Arnaldo Mussolini, Giornalista, fratello del Duce e teorico del Fascismo. Non ci sono stati atti di violenza contro chicchessia, ne vendette personali immediate o atti che limitassero la libertà delle persone. E' volato qualche cazzotto, restituito o scambiato senza conseguenze, ci sono state molte minacce fra le due fazioni politiche, i Rossi e i Bianchi, i Social comunisti, guidati da Nando Aloisio ed i Democristiani che fanno capo a Camillo Vocaturo, con i microfoni assordanti del palco in funzione dalle ore diciassette a tarda sera e volantini circolanti senza firma.

La guerra   civile, come è successo in altre Regioni, d'Italia, viene fatta con grandi e lunghi cortei di bandiere rosse, con manifesti abbelliti da grandi e rosse falci e martello, con lunghe e giornaliere sfilate per le vie del paese di un corteo di persone che cantava a squarciagola la canzone simbolo del partito comunista "Bandiera rossa" e che dopo un tour attraverso vicoli e vie importanti,termina in piazza B. Buozzi   ex Piazza Municipio

dove si conclude la manifestazione con un comizio di uno dei
capi del comitato paesano o provinciale che ripetono all'unisono sempre le stesse cose. Spesso dal palco rosso, eretto dal comune ad un angolo della su citata piazza, da sprovveduti oratori
per lo più paesani, vengono descritti avvenimenti di storia italiana recente non come sono realmente avvenuti, ma come fa co-
modo al PCI con distribuzione di librettini politici per avvalora-
re la cosa.

Spesso vengono dette bugie sulla vita di tutti i giorni che pro-
vocano discussioni animate,che sfidano l'altra parte politica con
richiesta di contraddittori che, per fortuna lasciano il tempo che
trovano.

Quando i Dirigenti paesani e Provinciali ritengono essere
giunto il momento, la lotta politica, si sposta nelle campagne,
dove si cerca di aizzare i coloni e gli operai avventizi, contro i
grossi proprietari terrieri, contro i datori di lavoro occasionali,
perlopiù, ricchi contadini che non ce la fanno con la famiglia ad
espletare i lavori di cui la loro azienda non può fare a meno.

Anche ad Aiello, come in tutti i paesi del Meridione d'Italia
opera l'UPSEA, una specie di polizia popolare che dovrebbe
combattere il contrabbando alimentare in atto e si rivela un sistema legale valido a perpetrare vendette e soprusi.

L'Ufficio di Aiello cerca di introdurre nel Circondario, il sistema di governare, secondo le teorie Bolsceviche e terrorizza
principalmente i piccoli proprietari sequestrando tutto quello
che veniva prodotto dalla terra che risultasse fuori parametro
stabilito dalle autorità del tempo con criteri non tanto onesti.

L'UPSEA, con gli errori di conduzione dei suoi agenti, è una
piaga infetta sia per i cittadini, sia per i piccoli proprietari che
non conclude gran che e fa lievitare i prezzi delle derrate alimentari di natura agricola.

Per la paura di finire sotto processo, i contadini vendono tutto

sottobanco, ma solo a conoscenti e parenti a discapito naturalmente della povera gente che soffre la fame e protesta.

I ricchi proprietari, chiamati dai social comunisti "Gamboni",
non temono l'UPSEA, perché apparentemente agiscono a termini di leggi, ma sotto sotto sfruttano quel sottobosco che ben conoscono ed alimentano con la corresponsione delle percentuali
sul venduto che da sempre ha aperto tutte le porte chiuse.

Oltretutto il novanta per cento dei" Gamboni" sono reduci o ex
prigionieri di guerra e non hanno paura di niente e di nessuno.

I Gamboni e loro subalterni conoscono alla perfezione le leggi
della guerriglia per averla praticata ovunque durante la seconda
guerra mondiale su tutti i campi di battaglia e di concentramento per sopravvivere rischiando spesso la pelle.Alle chiassose
provocazioni

Di piazza rumorose ma innocue,hanno sempre risposto in modi
adeguati,perentori,se necessari minacciosi e ricchi di contenuti
nascosti con i quali in caso di degenerarizzazione ci si sarebbe
scontrati con esiti non certo favorevoli perché ogni famiglia pos-
sedeva armi di guerra

e diavolerie di guerriglia o commandos prelevate negli arsenali
militari sparsi qua e la in tutte le campagne.

L'Arma dei Carabinieri, fedele una volta al Re, ora al Presidente della Repubblica,è vigile e fa rispettare la legge, ubbidendo ai
dettami del Governo provvisorio e tutela così la democrazia ga-
rantendo la libertà di chiunque.

Fra alti e bassi, guerre di quartiere e di campagna con i molti
lunghissimi comizi, le serali oceaniche e monotone riunioni di
sezione, i soliti cortei con bandiere rosse abbellite da grandi e
rosse falci e martello e molte ingiustizie di carattere sociale e familiare, perpetrate fortunatamente senza reazioni violente e senza gravi conseguenze.

Si giunge così, alle prime elezioni politiche della Repubblica con le quali andranno alla Camera dei Deputati ed al Senato rappresentanti, scelti dall'intera popolazione.

E' l'anno 1948 gli italiani debbono scegliere in brevissimo tempo, se restare nel Mondo occidentale o transfugare in quello orientale.

Lo scontro è tra Cattolici e Laici Liberaldemocratici e Laici, Socialisti riformisti e Comunisti materialisti storici, atei, senza fede e religione alcuna.

La Democrazia Cristiana con Popolari, Liberali, Repubblicani, Socialdemocratici, Monarchici, guidata da Alcide De Gasperi, contende il quorum, 50% con il Fronte Popolare guidato da Palmiro Togliatti e Pietro Nenni asserviti a Mosca.

La coalizione Democristiana è appoggiata e finanziata con il Piano Marschall dagli Stati Uniti e sotto sotto dal Vaticano.

La Battaglia Elettorale ad Aiello Centro è una lotta senza quartiere per colpa della quale, in molte famiglie, non regna la pace e la tranquillità.

L'elettorato femminile, pur partecipando in massa ai comizi e a tutti gli avvenimenti pubblici per la cosiddetta "quiete familiare" non è totalmente controllata dai capofamiglia, ma resta legata agli insegnamenti religiosi della Chiesa Cattolica e delle famiglie di origine che non è atea. I "Gamboni," al settanta per cento anticomunisti, sfruttano al massimo i loro privilegi e portano grano al loro mulino con qualunque mezzo.

I Parentati Americani degli Stati Uniti, con la scusa delle gite turistiche, mandano in visita loro rappresentanti che soggiornano per una decina di giorni presso i loro congiunti che abitano ad Aiello.

La cosa non piace molto ai Socialcomunisti del Fronte Popolare che deve, tuttavia, fare orecchio da mercante e stare buono e ubbidire.

La tranquillità, non regna certamente nei due schieramenti ed i vari capi e sottocapi, utilizzano tutti i mezzi a loro disposizione per avere vantaggi anche se ridottissimi.

I Dirigenti del Fronte Popolare, sono convinti, che il loro schieramento supererà, anche se con un leggerissimo scarto la soglia del cinquanta per cento ma temono giochi di prestigio ed illegalità da parte degli avversari a cui certamente non difettano l' "argent" e le amicizie e decidono di mettere in atto le contromisure necessarie Con squadre composte da due militanti esperti e quattro cinque volenterosi giovani di provata fede marxista, pattugliano stradelle e mulattiere che collegano il Centro abitato del Paese con le varie Contrade.

Si teme l'acquisto di voti con derrate alimentari o soldi liquidi e per evitarlo si creano posti di blocco e controlli notturni nelle vicinanze delle case padronali. Nelle soffitte e nei sieponi dei giardini e delle case di campagna abitate, si nascondono per svariate ore della sera e della notte, anziani e ragazzi che ascoltano e riferiscono ogni discorso o iniziativa che captano.

Si attivano quinte colonne con le cameriere che fanno le Mata Hari e quando i padroni dormono, si incontrano con gli addetti perlopiù fidanzati occasionali o lontani parenti. Insomma gli ultimi sei mesi prima del voto finale sono una battaglia continua e cruenta fra le due parti, senza esclusione di colpi bassi e qualche volta di azioni illegali che per fortuna restano nascoste.

Ci sono mosse e contromosse da una parte e dall'altra con l'UPSEA che non scherza in fatto di controlli ed è talmente attenta che se dovesse necessitare è pronta a utilizzare le leggi penali esistenti contro tutti e contro tutto ciò che non fa parte del Fronte Popolare.

Mio padre, congedato anzitempo dal Regio Esercito nel 1943, con il grado di Capitano di artiglieria, grazie ad una legge del tempo di guerra che mette a riposo tutti i capi famiglia che hanno perduto in guerra un fratello e che hanno altri membri prigionieri o in prima linea, in questo periodo si trova con la famiglia ad Aiello dove esercita la professione di ingegnere civile e di ditta appaltatrice di lavori pubblici con i soci Fratelli Salvini di Rogliano. Ex Segretario Politico Fascista e responsabile del Circondario di Aiello, Lago, Grimaldi, non si interessa più di politica e, coerente con il suo passato, non fa parte di coalizion o di partiti politici. Fà l'ingegnere, l'impresario e l'agricoltore a tempo pieno.

Pur tuttavia, per il suo passato viene controllato, sorvegliato, combattuto dai social comunisti, come professionista, come uomo, come proprietario terriero.

Uomo di Fede Cattolica, anticomunista di vecchia data, anche se deve all'onestà di un giovane comunista, se non è stato processato con l'accusa di Gerarca Fascista dal 1932 al 1938 è un cattolico di centro destra e non simpatizza per la la Sinistra che con il Professor Rosario Naccarato Commissario Prefettizio regge il Comune di Aiello Calabro. Oltretutto i responsabili dell'UPSEA, nei riguardi dell'Azienda Agricola di proprietà della famiglia di Malta, ubicata in Cleto contrada Pianta, si comportano malissimo da nuova GESTAPO in tempo di guerra.

Sono all'ordine del giorno controlli continui diurni e notturni a ripetizione alla ricerca di derrate destinate al contrabbando con interrogatori asfissianti dei coloni e di tutti gli operai giornalieri che sono al lavoro nei terreni, per lo più piccoli proprietari confinanti. Vengono effettuati appostamenti notturni con agenti nascosti ovunque e pronti ad uscire allo scoperto per effettuare il sequestro senza rimborso del materiale contrabbandato.

Mio padre cittadino onesto che ha rispettato sempre le leggi dello Stato e non ha abusato del potere quando era ai vertici del Partito Fascista ed ha sempre aiutato i più bisognosi, con aiuti consistenti e gratuiti, ha sempre consegnato all' "Ammasso Comunale" l'ottanta per cento dei prodotti agricoli aziendali, trat-

tenendo per se il venti per cento eludendo con facilità la sorveglianza asfissiante dei" Cerberi" funzionari, alla prova pratica,
però spocchiosi bambini dilettanti e quindi poco esperti, che a
conti fatti risultano essere un grande fuoco di paglia senza nè
capo nè coda, buoni solo a spaventare facendo la voce grossa,
senza ottenere nulla di importante e di utile.

Le derrate sottratte all'Ammasso, da Ciliberto Bennardo, Amministratore dell'Azienda di Malta non sono contrabbandate ma
servono ad aiutare ancora, nei primi due anni del dopoguerra
quelle famiglie di Aiello che hanno bambini piccoli e per motivi
che sarebbe troppo lungo elencare non riescono a sbarcare il lu-
nario ed ogni sabato sera si presentano in Azienda in cerca di
pane,latte e farina .

La mia famiglia, durante la guerra, ha sempre dato senza pretendere e chiedere nulla in ricompensa ricevendo più di una volta dispetti e soprusi ridicoli ma spesso pesanti come ringraziamento.

Nella mia mente è impresso a caratteri cubitali iI quadro in cui
si vedono molte mamme di Aiello che il sabato sera, durante la
guerra si presentano sull'Aia della "Pianta" con una piccola cesta vuota sulla testa, dopo aver affrontato in compagnia, naturalmente, il lungo faticoso viaggio sulla scoscesa mulattiera che
partendo dal "Convento" attraversando il valico di" Varbara",
porta all'Azienda di Malta a Cleto. E' un'immagine impressa
nella mia memoria a caratteri indelebili e cubitali che non dimenticherò mai finché avrò vita.

Madri di famiglia che probabilmente digiune,affrontano un faticoso e lungo viaggio a piedi perportare a casa "na panetta " di
un kilo, tre o quattro kili di farina, una bottiglia da litro piena di
olio, tre pugni di fichi bianchi qualche uovo, un pugno di ceci, di
fagioli, di cicerchie, qualche mazzo di verdura.

Se mi concentro e chiudo gli occhi e mi metto in ascolto, sento la voce di Ciliberto e quella di qualche colono che con lui chiedono sulla terrazza della casa padronale il permesso di dare una lezione "esemplare" a chilli tri o quattru surici russi ammucciati intra u siepune di bosso, in dialetto avusciu, ricco di fogliame" ca ìe sutta strada in attesa di pescare in fragrante l'Azienda di Malta e qualche suo colono che contrabanda, oli, grano, fichi.

Questo perché il via vai di donne di Aiello che il sabato si portano alla" Pianta" con la" cistelluzza", li insospettisce e non da loro la possibilità di intervenire mancando la fraganza.

Fermare le donne e controllare e sequestrare il prodotto è non solo impossibile ma pericolosissimo perché i mariti delle signore è vero che sono pacifici cittadini, ma soprattutto in maggioranza reduci di guerra con i quali non è consigliabile entrare in conflitto.

Oltretutto, quando qualche furbo "compagno" ha spedito ad Aiello una lettera anonima paventando che Ciliberto ed i coloni vendevano e non davano gratuitamente le derrate si sono fatti controlli minuziosi sempre negativi in quanto a contrabbando e sempre i "topi del siepone" non se la son sentita mai di intervenire apertamente.

Il Controllo e sequestro di una "cistelluzza" avrebbe certamente generato una sporta di calci e pugni in piazza da parte di sopravvissuti di battaglie in cui c'era in gioco la vita che non avrebbe tollerato che quattro ragazzini, con la scusa della politica violassero la "privacy" delle proprie mogli.

La "cistelluzza per la donna campagnola dell'epoca è tutto, salvadanaio, custodia di oggetti, ecc,ecc.

Ma, tornando a Ciliberto e ai coloni che, volevano fare i fuochisti, perché allertati dai figli ragazzini, ogni volta che il siepone è pieno di osservatori, ricordo e risento, se ci penso, la sua voce che sulla terrazza con tono accorato quasi fosse una preghiera, dice a Papà:

"Don Balè! Facitimilu stu favore! Lassatime fare nu biellu regalu a chilli surici russi ammucciati llà!" E indica col dito il siepone sottostante. "Un li pistuniiu, ma fazzu loru nu biellu regalu. Intra u "Trappitu", tiegnu ammucciati nu bidoncinu de benzina e dece litri de petroliu. Si vui permettiti, ccu Geniu Rinu e Settimiu Filice, de supra e de sutta, jettamu na vrancata de liquidu e damu fuocu. Ccu llu petroliu tenanu u tiempu de fujre. Don Balè, l'unicu guai ca le può capitare ìe n'abbrittatina alli cauzi.Lassatinila pigliare sta soddisfazione de i vìdere sbrittare cumu i cursuni e de li sbrigognare alla faccia di compaesani, quando stu fattu ridiculu sarà de pubbricu dominiu ad'Aiellu."

"Cisbè" risponde mio padre "lassali cocere intra u brodu loru. Si allongamu a matassa ce vanu e sutta e fimmine d'Aiellu che certamente, verrebbero ad avere da ora in poi la vita difficile. Lassali stare, signu sicuru ca de mue in avanti, Nandu e l'atri del'UPSEA sinde starannu buoni. Hanu avutu na grande lezione e criiu ca ìedi loru bastata. Lassati stare, tantu prima o poi na tarantella de cauci firma ccu permanenza allu liettu de parecchi iuorni ce sarà,si un c'ìe già stata da parte d'ancunu maritu siccatu e gelusu".

Fatte queste precisazioni, necessarie a che i lettori capiscano ed apprezzino il contenuto, portiamoci al 20 Ottobre 1948 e narriamo i fatti.

Mancano poco più di sei mesi al 18 Aprile 1948, giorno in cui gli Italiani sono chiamati a votare per l'elezione dei Deputati e Senatori che determineranno, se il" quorum" del cinquanta per cento è stato superato da uno dei due contendenti, e se in Italia regnerà la Democrazia o altro e quindi diamo inizio al racconto vero e proprio narrando i fatti che seguiranno.

A partire da oggi, la campagna elettorale che finora si è svolta in assoluta tranquillità si incarognisce.

Il Fronte Popolare, che è sicuro di superare il "quorum" , anche se con una percentuale minima di voti in più a suo favore, decide di dar battaglia su tutti i fronti, utilizzando tutti i mezzi a sua disposizione.

Ad Aiello i Caporioni del Fronte Popolare operano secondo i dettami bolscevichi effettuano una sorveglianza asfissiante e minuziosa infischiandosi di qualunque ostacolo si presentasse. Per loro la legge era il loro credo che dava solo diritti non doveri.

Tutti i Palazzi dei ”Gamboni” sono sorvegliati, tutte le case e gli appartamenti dei democristiani, controllati notte e giorno. Nei ”Palazzi” si stabiliscono contatti con i subalterni, camerie-re, operai, sfruttando fidanzamenti o legami di parentato o com-paraggio: Casa di Malta per errata interpretazione è la più sorve-gliata perché ritenuto il luogo di riunione dei capi della Fazione Democristiana.

Giovani militanti comunisti e dirigenti Upsea, si nascondono, ogni sera, al calar del sole nel grande siepone di ”Bosso gigan-te” in dialetto ”Avuscia” sottostante le quattro finestre posteriori della casa per ascoltare e quindi riferire.

La quinta colonna D:C:composta da Alfredo e Francesco Ianni scoprono la trama e riferiscono a chi di dovere.

Io non so e non conosco, come, quando e dove avvenissero le riunioni ed i dettami dello schieramento anticomunista, so per certo quanto è avvenuto per molte sere nella nostra camera da pranzo quando per visita di cortesia o di lavoro tra un bicchiere di vino e l'altro Alfredo e Francesco con voce accorata chiede-vano a papà il permesso di poter svolgere una certa operazione in giardino dicendo:

”Don Balè! Datime u Permissu e iettare supra e sutta u siepu-na da” Vuscia” petroliu e benzina e aiutati de atri colleghi nuo-stri pigliare a calci in culo, certi surici russi ca stanu a nottate sane ammucciati lla dintra.” Don Balè”, aggiungeva France-

sco, datinillu u permissu, ca vaju alla casa me mintu i scarpuni da "Folgore" chiamu a l'atri e facimu l'operazione principalmente ppe sapire chine su sti surici. Cchi vuonu! Cchi Fanu lla! Si u sanu o no ca l'ammucciamientu ìe nna violazione e domiciliu. Don Bale ve garantisciu ca un le facimu troppo male a sti ciotampari de surici."

Qua termino il racconto e mi porto ad un discorso avvenuto tra me ed il caro Peppino Verduci, probabilmente uno dei surici russi, mio buon amico del dopoguerra, al quale parlando dei fatti sopra descritti sono stato costretto a dare una risposta che, suo malgrado, ha dovuto accettare e non controbattere.

Gli ho detto: *"Peppì! Quello che mi meraviglia della "faccenda" delle Cameriere di casa nostra, una delle quali fidanzata con il vostro Totì, e che sia a te che ai tuoi Caporioni non è mai passata per la mente l'idea che Angelo Giannuzzi, Camillo Vocaturo, Peppino Pucci ecc fossero al corrente di tutto e tramite le cameriere ed i "surici" del siepone vi facessero sapere ciò che volevano sapeste!"*

Oltretutto conoscendo bene mio padre uomo di altissime qualità morali, sapevate pure che non avrebbe mai accettato di servire politicamente una bandiera diversa da quella servita con ben quindici anni di guerra.

La risposta è stata immediata e laconica.

"Tieni ragiune vussuria. Tieni ragiune vussuria".

Seguita da una gran risata ed un forte abbraccio prolungato.

Aiello 1948

U PARMIENTU
REMIGIU, U PARMIENTU E LLU MUSTU ASSASSINU

Aiello Calabro 10 Settembre 1948, la guerra è ormai un funesto ricordo, anche se, le conseguenze da essa generate sono una cosa tremenda per il Popolo Italiano che, solo grazie al Piano Marschall, con un massiccio aiuto del Popolo Americano, ha iniziato la ricostruzione del Paese. Inoltre, con la vittoria della Democrazia Cristiana ai danni del Fronte Popolare Comunista, è stata creata una stabilita politica vera necessità primaria perché regni democrazia e libertà.

Gli aiellesi, dopo il caos post bellico, spazzato dal dominio politico, del Partito Cattolico, hanno, più o meno ripreso le vecchie abitudini di vita grazie soprattutto a l'operosità l'operosità dei suoi Artigiani, alla laboriosità ed applicazione giornaliera di tutte le Aziende Agricole, siano esse grandi o piccole, alla presenza in loco di ottimi professionisti ed uomini di cultura, molto stimati nel circondario e fuori. Tutti con le loro doti e la loro dedizione al lavoro non solo danno lustro al vecchio paesello ma hanno portato ad un livello economico stabile quasi tutte le famiglie paesane e campagnole determinando una continua crescita dell'economia locale.

La disoccupazione, purtroppo, flagella la società ma specie nel Centro Storico non si soffre più la fame come nell'ultimo anno di guerra e primi mesi della cosiddetta "Liberazione".

Per noi ragazzi il passatempo più importante e l'eterna giornaliera partita di calcio che viene giocata in Piazza Santa Maria fra le squadre del rione Chiazza e quella del rione Praca a punti e non ad orario prestabilito. Vince la squadra che arriva prima a 11 punti oppure, se la sfida si protrae fino al sopraggiungere dell'imbrunire quella ha segnato più goals se tutto va bene si gioca dalle ore quattordici e trenta fino alle ore diciassette, con l'arbitraggio di Rico Pagnotta, esperto giocatore della prima squadra la "Tillesyum", con pallone fornito di camera d'aria e non autarchico, pieno di cotone o lana pressata come in periodo di guerr.Le squadre sono composte da unportiere,duedifensori, due centrocampisti e due attaccanti. Peppe Caruso e Ciccio Naccarato capitano e difensori, Remo e Mario Naccarato Centrocampisti Eugenio Iacucci detto "Carpiciacca" Peppe Vocaturo o Fronzillu attaccanti. Portiere della Chiazza è Giulio di Malta, Terzini Giuseppe Coccimiglio, Ugo Bruni oppure Ernesto Sicoli, centrocampisti Claudio Bruni, Milio Pedatella detto Mimmi Toti oppure Settuzzo Aloisio, attaccanti Carlo Giardino ed Alfredo Innocenti e Settuzzo Russo.

Quasi ogni giorno, per un paio d'ore, lo spettacolo è assicurato con grandi e piccini che partecipano alla sfida giornaliera come primi tifosi e primi attori con la sfida mortale tra il sottoscritto portiere paratutto e Remo Naccarato, perlopiù, vittima giornaliera delle mie malefatte fra i pali rappresentati da due grossi sassi posti ai limiti della piazza.

Giudice imparziale ed autorevolissimo i cui Giudizio è insindacabile, Lorenzo Viola, aiellese rispettato da tutti come calciatore della prima squadra e uomo di grandissima cultura polivalente. Quando non siamo impegnati alla pomeridiana partita di calcio ed il tempo è bello noi ragazzi ci dedichiamo a giocare "ccu llu strumbulu", a lunghissime sfide con il gioco delle "Stacce", del "Campagnaro", dello "Stirillo", di "Gravulu Chiumbu" ed altri che non ricordo.

Altri avvenimenti importanti, ma stagionali, sono: "il volo delle Comete" costruite con vecchi giornali" a Primavera, la guerra fratricida a base di "Scattignole" o il gioco di "Briganti e Carabinieri" praticati nell'ampio "Pianoro del Pizzone" o il "Gioco di resistenza appesi con le braccia a fare il giro con i rami dei grandi Lecci della Villa Comunale.

Nel Periodo fine di Settembre, primi giorni del mese di Ottobre tutti noi ragazzi siamo impegnati, con la "Cannella", un sottile pezzo di canna di circa cinquanta centimetri bucato alle due estremità, a fare il giro dei "Parmienti"e dei "Portoni" delle famiglie benestanti e succhiare dai "varrili " trasportati il mosto fresco appena filtrato.

A casa mia ed a casa Solimena, in Via Monti ci sono i due "Parmienti" da Chiazza Suprana ed i due portoni meta dei trasportatori di uva da pestare o di mosto da mettere nelle botti a fermentare e c'è grande disponibilità a poter fare una buona succhiata e quindi c'è un "anda e rivieni" continuo di ragazzini ed anche anziani per ottenere un assaggio gratuito.

Inoltre i due parmienti, quando sono in funzione, sono meta pomeridiana di curiosi e bevitori di vino interessati a conoscere anticipatamente le qualità del vino che si va a produrre e che, da novembre in poi, si può trovare arche de in abbondanza, nelle cantine del paese.

Il "Parmiento di Casa Solimena, soprattutto e l'atelier dei piccoli proprietari del paese e dintorni che usufruiscono dell'uso gratuito giornaliero che il Farmacista proprietario dal tempo dei tempi ha sempre concesso e concede. I Clienti del "Parmiento" di casa Solimena in gruppo o, aiutandosi reciprocamente, portano l'uva con gli asini, muniti di "Fiscini", la scaricano dentro la vasca sovrastante il pozzo di raccolta e quando il trasporto è terminato, iniziano in gruppo il pestaggio con i piedi.

E' Questo uno spettacolo bellissimo, effettuato in modo continuato ad un ritmo direi quasi forsennato, con canti e grandissimo consumo di fette di pane intercalate di un'affettata di capicollo, vijjiularo o pancetta arrotolata dal profumo, intenso che solo la produzione familiare e contadina, riesce a dare.

Il pestaggio ritmato dura più di un'ora fra "canti e cunti" inverosimili, ma veri che suscitano applausi anche da parte dei visitatori che sono presenti, attenti, curiosi e spesso sfottenti. Insomma è una festa di colore e di sapore, con fiaschi di vino che vanno e vengono,intercalati da brindisi e barzellette di spessore ma irripetibile.

Il "Parmiento" quando non è i funzione è un locale che non è a se stante ma può essere usato per altri scopi o utilizzato come deposito perché alla grande vasca con il pavimento leggermente inclinato verso un foro di non piccola dimensione, è accoppiato, scavato nel pavimento, un pozzo con coperchio di "Tavoloni" di abete o castagno, di circa due metri cubi di volume.

A mezzo di un canale di cotto sporgente, il pozzo, è collegato al vascone che è reso stagno da un paletto di legno detto "attippulu".

Al canale di cotto è appeso un recipiente rettangolare amovibile di legno con rete metallica strettissima oppure un paniere di "salice" che funge da filtro lasciando passare il liquido ma non le "corchie" in lingua italiana chiamate vinacce. L'uva pestata e quindi snocciolata, resta nella vasca con buccia e semi per sei, otto o dodici ore a secondo della colorazione, leggera, intensa oppure intensissima color rubino che si vuole dare al futuro vino.

Una volta pestata l'uva e fuoruscito il liquido,carico di zuccherina, inizia immediatamente la fermentazione con un gran ribollire ed un intenso profumo particolare del mosto.

Scaduto il tempo di fermentazione, gli addetti ai lavori, sul "cotto" sporgente, attaccano un grosso "panaru "specie di recipiente di salici sbucciati ed intrecciati con pareti di filetti di canne intrecciate, che funge da filtro, lasciando cadere nel pozzo il mosto pulito.

Durante la la notte la zuccherina fa fortemente fermentare il mosto che emette sopra il pozzo una nuvoletta particolare e pericolosa perché stordisce se la si respira. Quindi risulta alquanto pericoloso sostare ai margini del pozzo di raccolta anche per qualche minuto Questo perché l'eccesso di alcol contenuto nel mosto evaporando se viene assorbito, anche per pochi minuti viene a creare uno stato di stordimento incontrollabile e pericoloso che si conclude quasi sempre con svenimenti momentanei con conseguenze imprevedibili ed anche pericolose per le conseguenze che può generare.

Fatta questa premessa importante è necessaria, passiamo al racconto vero e proprio narrando per filo e per segno quanto accaduto al povero Remigio un anziano signore di Aiello che il giorno 10 settembre 1948 alle ore 16 circa per curiosità e forse anche per un assaggio del prelibato liquido si reca al "Parmiento" di casa Solimena dove un suo cliente sta con familiari ed altri amici comuni è in attesa di iniziare la raccolta del mosto, in piena fermentazione.

Alla chetichella, Remigio si porta nel locale dove l'amico con altre persone stanno sgranocchiando una buona merendina in attesa dell'arrivo degli asini con "i Varrili" per trasportare a casa il mosto prodotto immettendolo nelle botti rispettando una vecchia regola e tradizione di conservazione in attesa che termini la fermentazione e si otturino le botti con tappi e calce viva liquida.

Entrato nel locale saluta l'amico agricoltore e si porta nei pressi del pozzo ad osservare il prodotto che fermenta e le bollicine piccolissime profumatissime che si libran in aria.

"Buonasera a tutta la compagnia dice a bassa voce e buon appetito a tutti"."Buona sera a vussuria" risponde l'amico Giovanni, *"Mastru Remì, potimu offrire na felluzza e supressata e nu bicchericchiu e vinu de l'annu passatu"* e con la mano offre la roba sorridendo. Remigio si avvicina all'amico ed usando ambedue le mani prende due belle fette di pane con companatico e il bicchiere di vino che un amico comune ha riempito e si porta

ad vicino al muro della vasca, sopra il pozzo del mosto, dove lo poggia in attesa di poterlo sorseggiare una volta fatta la base.

L'aver poggiato il bicchiere sopra il muro della vasca del pozzo con il mosto in fermentazione comporta implicitamente assorbire, senza volerlo e a stomaco vuoto, una enorme quantità di nebbiolina e bollicine traditrici che possono degenerare con conseguenze non troppo piacevoli.

Senza volere, "i Pestatori dell'uva" iniziano a conversare con il vecchio del più e del meno e ad informarsi dei fatti avvenuti in paese nelle ore in cui sono stati impegnati a portare a termine il lavoro. Questo fa si che l'assorbimento dei fumi della fermentazione abbia la durata di una buona mezzora durante la quale porta a termine l'inaspettata merenda. Tutto sarebbe terminato in gloria se Remigio, a "mangiata "terminata, avesse tagliato la corda dopo aver ringraziato e salutato gli amici. Ma, essendo un po "cannarutu" ritiene opportuno dover concludere la visita con il sorseggio di un buon bicchiere di mosto Quindi si rivolge all'amico che lo invita a servirsi usando il bicchiere vuoto del vino. Istintivamente, essendo il paniere che fa da filtro a piano pavimento al centro del pozzo di raccolta si china con la testa in giù per prelevare il liquido. Non l'avesse mai fatto, siccome il mosto filtrato scende a poco alla volta ci vuole del tempo per colmare il bicchiere ed avviene il patatrac. Stordito dall'assorbimento delle nuvolette e bollicine precedenti e da quella certamente più consistente dell'abbassamento repentino il vecchio è colto da capogiro ha un principio di perdita dei sensi e dell'equilibrio e vola a testa in giù nel pozzo pieno di mosto.

All'istante l'amico Agricoltore e uno dei "Pestatori",con mossa repentina, lo afferrano come possono e lo tirano su ad evitare conseguenze ancora più gravi di quelle già procurate. Infatti l'intervento tempestivo ha avuto causato solo un grosso "bernoccolo" al centro fronte ed una colorazione rosso rubino dei vestiti, della testa e delle mani. Tuttavia il fatto che una volta seduto l'infortunato a uno sgabello sulla porta d'entrata, non ha portato alla sparizione immediata dei capogiri, certamente anche a causa della botta rimediata nella caduta, i soccorritori hanno ritenuto necessario accompagnare immediatamente Remigio a casa.

Questo perché, dato il grosso bernoccolo rimediato, è, necessario l'intervento del medico per la tranquillità di tutti. Come sempre avviene anche nei grossi Paesoni come Aiello, la notizia del volo di Remigio, grosso degustatore di vino che, quasi ogni giorno trascorre le ore serali a sognare, russando beato sulla poltrona, che fa parte del locale, si divulga in un attimo e molti sono i compratori di sigarette che si recano, per curiosare e commentare, il ridicolo avvenimento con illazioni di tutti i generi. La moglie che non ha mai gradito, in passato le dormite in Tabacchino del marito, mastica amaro ed è costretta con il figlio Ernesto a riderci sopra ripetendo di continuo con una voce forte come tono e canzonatoria come contenuto:"*Guardatilu quant'ìe biellu! Sta vota mbriacu senza vivere vinu. Na persuna sberta cum'edillu ca un ha tenutu cuntu ca a neglicella du mustu quandu fermente te mbriache cchiù du vinu forteda Marina e Savutu e de nu menzulitru e cognac! Me! Guardatilu quant'ìe biellu. Stanotte ce pue restare sup'a poltrona.*"A questo punto, io narratore mi fermo e lascio alla fantasia dei lettori ilarità e commenti serali che ne sono derivati.

Aiello Calabro 10 Settembre 1

"AZZO" PAROLA GRECA CHE SIGNIFICA MERAVIGLIA
VALERIU RAFELE E LLU VOCABOLARIU GRECU

Nella vita ne capitano di tutti i colori anche avvenimenti inverosimili come quello che sto per raccontare che è diventato un Best Sellers estivo aiellese.

La colpa è dei due giovani studenti presenti alla stessa lezione estiva di matematica, Ciccio Volpe e Gennaro Cuglietta, detto "Ninno" che, ingenuamente, senza alcuna malizia, lo hanno divulgato un'ora dopo che è accaduto.

L'avvenimento, ridicolo per il contenuto e per come si è svolto, ha sconcertato a tal punto mio padre che, dopo molti anni, ancora oggi, quando, a richiesta dei presenti, in qualche riunione familiare o fra amici, racconta il fatto, ride, e lacrima per la comicità del contenuto.

Mai, conoscendo bene mio padre, credo che, facendo doposcuola di algebra e geometria nello studiolo di Corso Umberto, dico, mai l'ingegnere di Malta si sarebbe aspettate cose del genere. Oltretutto ce da precisare che la parola in discussione, nel lessico dialettale, è cosa comune e molto usata e non ha un significato dispregiativo.

Papà, infatti, che durante le spiegazioni in privato la usa spesso durante la lezione, la completa con la dicitura: "parola greca che significa meraviglia", per stemperarne il significato avendo a che fare con dei giovani il cui più anziano aveva si e no quattordici anni.

Ma partiamo dall'inizio del racconto. Siamo nel dopoguerra immediato, nel mese di Luglio, i genitori di Ninno, Francesco e Raffaele, che frequenta il quarto Ginnasio a Cosenza, hanno pregato mio padre di prendere a lezioni di Algebra e Geometria i loro figli rimandati ad Ottobre, perché sarebbe complicato accompagnarli altrove ed essendo lui e l'ingegnere Ciccio Civitelli, gli unici in paese a poter risolvere il problema si sono rivolti a lui.

Si da il caso che l'ing Civitelli fosse impegnato e non potesse fare doposcuola. Inoltre c'è da precisare che il paese è privo di Bus per andare a Grimaldi o Amantea da altri insegnanti.

Mio padre, amico dei genitori richiedenti, suo malgrado, ha dovuto dire si alla richiesta e dedicarsi due ore alla settimana al doposcuola a casa nostra.

Alle sei in punto, il martedì ed il venerdì, i tre ragazzi vengono a casa nostra a lezione. Dopo un mese di paziente lavoro, con sgridate e ripetizioni della materia e con l'uso della parola "azzo" accompagnata dal seguito: "parola greca che significa meraviglia", avendo a che fare con giovani che riteneva ingenui, ma che tali non erano, almeno in toto, finalmente, il Professore, ha cominciato a raccogliere i primi frutti.

I tre ragazzi hanno cominciato a "mazzicare" un po di "matematica", purtroppo, con Raffaele piuttosto zoppicante. Infatti dei tre ragazzi Ciccio e Ninno, pur essendo più piccoli di qualche anno di Raffaele, sono più svegli ed intuitivi nell'apprendere le nozioni che papà espone loro con metodo semplice semplice. Raffaele bonaccione, meno intuitivo degli altri, sgobbone e quindi pignolo, è per la verità alquanto bravo in tutto, tranne che nell'algebra, materia di secondaria importanza per i suoi studi. Ma, soprattutto, essendo un ragazzo ingenuo fino all'inverosimile e privo di furbizia, alcune volte, richiede una seconda e terza spiegazione della lezione.

Papà, anche per non far brutta figura con i colleghi di Cosenza che ad ottobre andranno ad esaminare il ragazzo, con santa pazienza, gli ripete la lezione fino a quando non la assimila.

Naturalmente gli "azzo", parola greca ..."fioccano" a più non posso.

Ciccio e Ninno, a malincuore assistono in silenzio spesso, con sorrisi beffardi alle repliche, ma devono subire, per quieto vivere e risentire più volte regole di matematica che ben conoscono.

Tutto fila dritto fino al 10 Settembre quando Raffaele non riesce ad assimilare la spiegazione di una regola semplice di algebra e si impunta tanto che papà spazientito, dopo averlo più volte tempestato della solita parola,gli dice:

"Rafelù! Si un la capisci a spiegazione un ce puozzu fare nente, un te puozzu cangiare a capu".

Quello intestardito replica: "Ppe lli studi ca staiu faciendu, chissu nun ie logicu ingenì! nun ìe logicu"

Mio padre incazzatissimo lo guarda e quindi a voce alta gli grida: " Rafe! "azzo"! Parola, logica o non logica, chissa ìe lla regola.

"Azzo" o non "azzo" te piace o no, chissa ìe la regola"azzo", parola greca che significa meraviglia. Si ciucciu e presuntusu".

Quindi si alza di scatto e rivolto ai tre ragazzi dice:"Ne vimu u vennari alle diciassette" e lascia la stanza.

I tre si alzano a loro volta, si guardano in faccia e Ciccio avviandosi verso l'uscita apostrofa Raffaele dicendo: *"Tantu ha fattu, tantu ha dittu c'ha fattu incazzare l'ingegniere. Si tu e cose semplici un è capisci, statte citu perlomenu".*

Ninno che ha seguito il discorso aggiunge: *"Si na cosa ca te vene spegata tante vote un la capisci t'ade stare citu no contestare."*

Cornuto e mazziato Raffaele si avvia e guadagna con gli altri l'uscita borbottando. Se terminasse qui il racconto sarebbe cosa da due soldi perché l'escalation c'è e si verifica inaspettata, inconcepibile, impensabile, inimmaginabile, il venerdì successivo, quando il ragazzo si presenta alla lezione con la borsa scolastica voluminosa perché piena dentro.

Studioso ma un po presuntuoso non ha digerito la ramanzina del professore ingegnere e cerca spiegazioni, perché la sua opinione in merito non cambia e le parole ricevute non fanno una grinza. Come sempre, il Venerdì, Raffaele entra, si siede con gli altri, assolta la lezione non replica, tace.

A fine lezione prima di alzarsi, depone sul tavolo la borsa scolastica, estrae un libro abbastanza voluminoso e pesante e lo porge a mio padre dicendo: *"scusatime, ingegnì, ppe lla pignoleria, chissu ie llu vocabolariu grecu ca hai sfogliatu diverse vote, cumu puru chillu latinu, ma un signu resciutu a trovare a parola "azzo" o cazzus, ne tantomenu trovandu alla parte in italianu la parola meraviglia esce cazzo. Ingegnì add'essere na parola nova, viditi si a resciti a trovare vui"* e cerca di porgere il libro.

Mio padre sconcertato per quanto gli succede attorno non perde la calma, ma con freddezza afferra il vocabolario, con calma lo poggia sul tavolo, guarda per un attimo Ninno e Ciccio inebetiti e Raffaele sorridente e, abbassando gli occhiali, chiude il libro e sentenzia con voce paternale:

"Rafelù a parola un ta puozzu spegare ne trovare supra u vocabolariu ca un c'ie. Si nde parri ccu mammata te spegherà tuttu dettagliatamente. Te autorizzu alle dire, dopu ca l'ha cuntatu u fattu, ca ti l'haiu ordinatu io".

Dette queste parole si alza, porge il vocabolario a Raffaele e rivolgendosi agli altri due che ostentavano grandi sorrisi, li licenzia dicendo: *"ne vidimu u marti. Con Ciccio e Ninno, negli anni a venire".*

Non abbiamo mai saputo se il colloquio tra mamma e figlio sia mai avvenuto, nè, tantomeno, che spiegazione Raffaele ha avuto dalla genitrice in merito alla parola greca che significa meraviglia.

Aiello 10 settembre

A BALILLA DI CASA di MALTA
VALERIU DON PASQUALE   E LLA BALILLA

Cosenza, prima domenica del mese di Giugno 1962 alle ore sette, sulla porta della stanza da pranzo della nostra casa di Cosenza, si presenta il compare don Pasquale Ranieri in tenuta da viaggio borsalino, gilet con due grossi orologi pendenti, ombrello chiuso e rinserrato. Con voce alta, rivolto a mio padre che era in attesa, esclama:

"Cumpari Valè! Signu prontu. Potimu scindere e partire", quindi senza attendere risposta si avvia verso l'uscio, imbocca le scale, guadagna il portone di uscita e si ferma davanti allo sportello della Fiat Balilla quattro marce di papà.

Passano trenta secondi e mio padre, lo raggiunge, apre lo sportello e facendo un grande inchino lo invita con un grande segno della mano ad accomodarsi e sedersi Con voce melliflua ed ironica gli sussurra:

"Vostra eccellenza è servito. Si accomodi e si metta a suo agio".

Quindi chiude lo sportello, fa accomodare me sul sedile posteriore della vettura, quindi si siede a sua volta e mette in moto la Balilla. Il motorino di avviamento, sferraglia e dopo una serie di miagolii, riesce ad avviare il motore che prima rumoreggia a fasi alterne, quindi riscaldandosi, acquisisce il ritmo continuo ed uniforme della gioventù.

Dopo un minuto di riscaldamento, mio padre innesta la prima marcia, lascia la frizione e la Balilla, lento pede, si avvia Venti secondi e, dopo essere passato in seconda marcia la vettura si immette sul lungo Crati, sorpassa Piazza Valdesi e, passando in terza marcia affronta la lunga salita del cinema Morelli.

A questo punto, Don Pasquale che è stato muto come un pesce, emette un lungo sospiro, poi rivolgendosi a me con un gran sorriso con voce calma, calda, patriarcale mi dice:

*"Cumpari Giù! Cchi grande fissiatuture l'ingegnere di Malta!
Chine un u canusce se pense ca ìe na persuna sulu seria e se
sbaglie. Ccu mmie s'à pigliatu e se piglie sempre u pizzulune,
ma io u canusciu buonu, le vuogliu bene e llu lassu stare. A pigliu a ridere anzi, piglia mula a ridere ca ìe miegliu".*

E scoppia ridere e mi racconta degli scherzi che in passato il
compare, mio padre, con l'aiuto dell'avvocato Amato gli hanno
combinato anche in tribunale dove ha prestato servizio per qua-
rat'anni come cancelliere."*Cumpari Giù, su arrivati nun sulu a
mme tagliare i lazzi ca io tenie dintra u cassettu da scrivania, a
me mintare allu postu da ceralacca cira russa, a me mintare
allu postu da gumma ppe ncollare acqua, a spostare e carte e
nu cassettu all'atru". "Cumpari Giù! Veramente dui delinquenti.
Facianu tutte ste cose e all'urtimu me costringianu a jre a mangiare ccu loru due e guai a me rifiutare, me tenianu u mussu
ppe nna bona misata. Quantu ndaiu dovutu e passare ccu lli dui
cumpari.
Ma chillu ca m'ha fattu arraggiare de cchiù ìe statu u fattu ca
un m'hanu mai concessu u piacire de potire pagare io nem-
mehnu na vota i pranzi. Quantu ndaiu dovutu passare. Quantu
ndaiu dovutu passare nvita mia. Pacienza. Pacienza".*

A questo punto tira fuori dal taschino del gilet uno dei due cipolloni d'oro, se lo porta all'orecchio, quindi inizia con le dita
della mano destra a dargli la carica. Quindi rimette nella tasca
del gilet il cipollone e poi rivolto a papà gli sussurra: *"Cumpari
Valè! Simu nvecchiati !Simu nvecchiati !Ma, forimaluocchiu, signu cuntientu de te fare cumpagnia ccussi passu u tiempu!".*

La Balilla, nel frattempo, miagolando a più non posso per via
della salita che la costringe a procedere in seconda marcia, imbocca la curva di "Porta chiana" e, lento pede, si avvia a raggiungere Donnici paese. Fatta la curva, diventata più agevole la

salita, papà innesta la terza marcia e la Balilla smette di miago-
lare ed accelera il passo.

 Don Pasquale, bombetta in testa, occhiale ad una lente inserito,
rigido e a testa alta come un ballerino non fiata. La Balilla, finita la salita, divora in pochi minuti la strada diciannove pianeg-
giante che porta a Donnici Sud ed imbocca la discesa dell'"Erbi-
cello.

 Dieci minuti,due nuovi kilometri di salita ed arriviamo al vecchio bar di Piano Lago dove c'è la sosta domenicale per colpa di
un'ottima tazza di caffè che, da tanti anni, papà sorbisce ogni
volta che si trova a passare da li.

 Parcheggiata la Balilla sulla destra nei pressi del marciapiedi
che è davanti alla porta del bar, papà, scende dalla macchina, si
porta sullo sportello che trovasi a fianco del sedile su cui tro-
neggia don Pasquale, lo apre ed esclama ridendo:

 "Compare Pasquà si accomodi il caffe ci attende". *"Cumpari
Valè, replica don Pascuale, io preferiscie un me fermare ma
siccome cumande vussuria, obbedisciu. Obbedisciu ma speriamu ca un me scombussolassi lu stomacu cumu a duminica passata"*.

 Quindi si alza dal sedile, si spolvera con due o tre movimenti
del corpo, scende dalla macchina, tira fuori il cipollone dal gile-
te e sussurra :"Sbrigamune ca ìe tardu" e si avvia verso il bar.

 Dieci minuti per sorbire un buon caffè e siamo di nuovo in
macchina pronti a partire con don Pasquale in posa di viaggio,
rigido con cappello in testa e pendagli d'oro sul gilet. Papà ine-
risce la chiave nel cruscotto; accende il quadro, tira la messa in
moto e la Balilla, con il solito miagolio, avvia il motore. Lentamente non appena l'autista abbassa l'accelerato, una volta innestata la marcia e lasciata la frizione, la Balilla, lascia il luogo
di parcheggio e si avvia verso Aiello.

 Lentamente, in terza marcia affronta la salitella di Piano Lago sud e quindi in quarta marcia si avvia verso Iassa di Belsito. Un kilometro e mezzo di rettilineo ed affrontiamo la salita del Casino di Mancini non troppo agevole che viene percorsa in seconda con il solito miagolio del motore in affanno.

Quando passiamo davanti al vecchio Casino, don Pasquale rivolto a papà interrompe il silenzio tenuto per più di mezzora ed esclama:

"Cumparì Valè! Grande avucatu Petruzzu. Haiu fattu u Cancelliere a tante cause nduve illu ere quasi sempre avucatu difensure. Picca vote l'haiu vistu pe ridere. Grande avucatu grande orature atru ca i pescari ca ce su oie".

Mentre pronunciava queste parole la Balilla, oltrepassato il Bivio di Malito si avvia a raggiungere Grimaldi. Un quarto d'ora e siamo al ponte del Santissimo, famoso durante la seconda guerra mondiale per essere franato al momento giusto ed aver evitato così alle truppe tedesche in ritirata l'utilizzo della statale diciannove. Il franamento di tutto il ponte ha evitato che i paesi del circondario di Aiello e Grimaldi venissero distrutti dai bombardamenti degli Alleati.

Con il solito miagolio la macchina affronta la salita che porta alla Bocca della Colla dove c'è la seconda fermata questa volta per espletare bisogni fisici impellenti di don Pasquale. Di tale necessità, papà, si rende conto per il continuo muoversi sul sedile del vecchio Compare capace di soffrire le pene dell'inferno ma, mai di chiedere l'arresto della Balilla anche perché, mancano pochi kilometri all'arrivo in paese. Fermata la macchina sulla stradetta secondaria che porta alla Montagna, papà scende della vettura apre lo sportello e rivolto al vecchio Cancelliere:

"La vostra eccellenza si accomodi con me a fare la pipì sul cigliu della strada ca dopu scimu ad'Aiellu". Don Pasquale scende ed avviandosi laconicamente risponde: "obbedisco".

Espletato il bisogno fisico i due ritornano in macchina e riprendiamo a velocità moderata il viaggio verso il paese. "Cumpari Valè, esordisce don Pasquale, te si volutu fermare ma, un cind'ere bisuognu ma va bene, va bene certamente simu cchiù lieggi. Va bene.Va bene".

La Balilla, nel frattempo procedendo in quarta marcia a circa sessanta kilometri ora, è giunta alla curva sopra il botteghino di Alzinetta e si accinge a percorrere i due kilometri che la separano da piazza Municipio e tutto procede bene.

Don Pasquale, non assillato più dal l'urgente bisogno fisico passa il tempo ora a guardare uno dei suoi cipolloni segnaore, ora con lo straccetto di pelle di daino a pulire gli occhiali.

La Balilla velocemente sorpassa la prima curva dell'ultimo tratto di strada, si lascia alle spalle la casa di Michelicchio Cuglietta e imbocca il rettifilo seguente, sempre alla stessa velocità.

Quando si intravede la   grande curva detta dei Romano papà, facendo pressione sul pedale inizia a frenare. La macchina non rallenta la corsa, mio padre tenta la doppia pedalata, ma la velocità non diminuisce e la curva si avvicina. Con grande sangue freddo onde evitare un salto nel vuoto di almeno dieci metri, non appena ha inizio i grosso fosso di scolo dell'acqua piovana, papà,con mossa repentina e polso fermo indirizza il veicolo verso l'alto terrapieno che sovrasta la strada. La Balilla, imbocca il fosso, sferraglia, urta al muro, oscilla, sbatte noi a destra e sinistra, sobbalza, striscia a terra con un rumore lancinante e termina la sua corsa con un colpo secco a non più di due metri dal parapetto d'inizio curva.

All'interno della vettura, a parte il grosso spavento, la situazione è buona. L'ingegnere di Malta non ha subito botte e danni grazie allo sterzo che ha fatto da ammortizzatore. Io ho urtato nello sballottamento con il ginocchio destro al sedile anteriore procurandomi un piccolo ematoma. Don Pasquale non ha subito danni anche se all'arresto del veicolo ha oscillato in avanti e indietro terminando la corsa con un leggero colpo della nuca dato alla mia fronte con conseguente bitorzolo che brucia maledettamente.

Dopo qualche minuto di silenzio, don Pasquale rigido con testa alta sembra un Centurione romano, mio padre rompe il silenzio che regna dicendo rivolto al Compare: *"Pasqua!L'avimu scampata bella! N'è juta bona veramente! Speciarmente a ttie, quando a vittura s'ie fermata e t'haiu vistu oscillare avanti e arriedi.*

T'ié juta ccu lli cagni! Te potia rumpere a crozza e ccu l'cchiali perdere l'atr'uocchiu! T'ìe juta bona Cumpari Pasquà! Diciame a verità t'ha pigliata a paura! Ma mo rilassate. I'e tuttu passatu; aspettamu ca passassi ancuna machina ppe scidere ad'Aiellu ca pue ce pense Cicciu Russu a venire a pigliare a machina e a lla conzare".

Don Pasquale con aria preoccupata guarda mio padre che si accinge a scendere dopo aver aperto lo sportello e poi soggiunge: *"Cumpari Valè, tieni ragiune tu;. mi l'aiu vista brutta veramente. Me signu spagnatu veramente allu momentu da botta e c'è volutu nu sforzu enorme ppe un sbattere allu vitru. A preoccupazione mia un nè stata chilla de me rumpere a capu; ma chilla de rumpere u vitru da vittura ca custe certu nu banchu e sordi".* A risposta terminata mio padre va su tutte le furie. A parte il vaff... accompagnato da una serie di epiteti irripetibili indirizzati all'arzillo vecchietto, indaffarato a controllare, stando ancora seduto, che il vetro effettivamente, non avesse subito danni, si rivolge a me e mi dice *"Tu ha capitu! Avimu rischiatu e morire o de ne rumpere l'ossa ed'illu, s'ìe preccupatu de un rumpere ccu lla capunata u vitru da Balilla. Bontà divina ìe veramente unicu stu cumpari nuostru"* e stringendo le due mani in segno di preghiera alzando lo sguardo al cielo sussurra a bassa voce: *"Si-*

gnure mio ! Quantu nd'aiu de sentere e videre! Bontà divina. A stu puntu, un sacciu si ìe ciotia o sant'incoscienza. Certamente u Cumpari Pasquale iedi na persuna tranquilla, serena e felice viatillu".

Il soliloquio ad alta voce con don Pasquale intento, senza alcun scomponimento, a guardare il paraurti, il parafango e la ruota della macchina attorcigliati è interrotto dal sopraggiungere della Fiat Stanguellini di Zio Angelo e conosciuta nel circondario col nome di "U Pisce" giunta in soccorso guidata da Vittorio Asta con a fianco Luigi Pagliaro, inviati in nostro soccorso.

Aiello Calabro Giugno 1962

A PIRUCCA
U CONTE DON PASQUALE RUBERTU E LLA PI-RUCCA

 Aiello Calabro 20 Agosto 1954 ore diciassette, zio Giulio Belmonte, detto il Conte, entra nel portone di casa di Malta, sale le scale, entra nella prima stanza e con tono di voce potente si annuncia a mio padre che lavora nella stanza a fianco adibita a studio dicendo:

"Don Balè me puozzu accomodare o dugnu fastidiu"! E, naturalmente, senza attendere risposta entra e si accomoda sulla sedia di fronte alla scrivania ed attende. Mio padre togliendosi gli occhiali lo guarda con un ampio sorriso poi, con voce affettuosa e scherzosa nello stesso tempo mormora: "qual buon vento porta al mio studio il Conte Belmonte! Quindi, con voce ancor più calda, aggiunge: "Giù! Diciame! chi puozzu fare ppe ttie! Diciame! Giù! Intantu assettate camodu ca de Olghicella te fazzu portare nu biellu bicchiere de vinu russu cerasuolu da Chianta. Un me dire ca un te ricircee ca un l'accietti ppecchì ìe nnu zuccaru. Sulu allu videre te vene "l'acquolina in bocca".

 Prima che il Conte avesse il tempo di parlare, sulla scrivania dello studio, compaiono su una guantiera, una bottiglia di vino ed un bicchiere già ricolmo. *"Valè. Scusame ma siccome io un sacciu dire no, m'ìetoccatu e venire ndottiesutta u vestitu de mbasciature. Dece minuti fa signu statu ndo Angiulu ppe me fare guardare nu pede, ca ogni tantudole e, dopu a visita medica, m'àdumandatu si io sapie ancuna cosa riguardu alla licenza liceale de figliuta Giuliu. Insomma vulie sapire e mie si tu tieni intenzione de fare passare nsalutatu ospite na cosa ccussi mportante. U sa cumu su ad'Aiellu e famiglie. Idi promi di figli i solanu festeggiare ccunna bona felliataecc,ecc. A stessa cosa ppella verità m'ànu dumandatu Genuzzu, fratima Ntoni, Pasca-*

le Solimena, Frorindu, Napuleune e perfinu Rubertu Aloisiu ed'atri ca ìe l'uongu elencare. Valè, scusame, ma signu ntisundovere e tu venire a dire".

Senza aspettare risposta tracanna con velocità supersonica il bicchiere di vino e si siede. Quindi afferra la bottiglia, l'avvicina al naso ed esclama: *"Valè ! Cchi profumu, ìe veramente nu zuccaru"*.

La poggia sul tavolo, la tappa e sorridendo aggiunge: *"Unta pigliare Valè! Un'inchiu u secundu bicchiere catiegnu intenzione de fare u faccituostu. Mepuortu a buttiglia alla casa e stasira mangiandu m'a mpacchiututta. Scusame cugì! Stu vinu ìe troppu buonu"*.

Quindi si alza, prende la bottiglia e si accinge ad andarsene. Papà, conoscendo bene il Conte lo blocca dicendo: *"Assettate e, ridendo continua, ha fattu buonu a venire pecchì, ccu llu lavuru ca tiegnu e fare e lle scole private vespertine ppe lle quali un puozzu dire no a carissimi amici, me signu distrattu e me signus cordatu ca ad'Angiulu, a Genuzzu, a Ntoni e tant'avutri, quando allu Bar e Cicciu e Nella m'hanu fattu l'auguri, haiu prumi suna certa cosa. Conticì, ha fattu buonu a mu venire a ricordare. Provvedu subitu. Anzi, mo ca tinde scindi, circa de videre Affredu Martinu e Franciscu u Collocatore ppe stabilire u cumu e lluquando s'adde fare a riunione. Io un tiegnu u tiempu e me dedicare a l'organizzazione e oltretutto i dui frati su lle persune su gente da casa e lle persune cchiù mportanti ppe un fare brutta figura. Parracculoru e quando aviti stabilitua data e cibarie ca s'ànu e preparare Franciscu venissi ndo mie caillu capisce lluppecchì. Giù! Facumu te dicu e fammesapire"*.

Il Conte, non vuole sentire altro. Si alza, afferra felice la bottiglia e lascia lo studiolo.

Una settimana di tempo e Francesco ed Alfredo, organizzano la riunione alla quale può intervenire chiunque lo vorrà. Il Party, che si svolgerà anche nel nel nostro giardino a partire dalle ore ventuno, in effetti è un Buffet freddo a base di un primo piatto caldo, di fritti casalinghi, di affettato di carni cotte, di salami, di formaggi campagnoli e di un buon gelato artigianale di Aiello come chiusura.

Il vino, abbondante, è il Cerasuolo prodotto alla ”Pianta”nella nostra vigna di cinque anni, ubicata in località acqua di Cerasu con ben quattordici gradi alcolici in dotazione.

I non beventi hanno a disposizione birra Moretti, gassose e bibite varie. Responsabili della cucina e della conduzione della serata, coadiuvati da aiuti esterni, Francesco ed Alfredo.

Alle ore venti, Francesco provvede ad accendere le luci nel giardino e gli altri, agli ordini di Alfredo, sistemano tre lunghi tavoli nella grande galleria e sei o sette tavolini, nel giardino provvisti di un gran numero di sedie e li guarniscono di tovaglie, bicchieri, posate e tutto ciò che necessita per la cena fredda.

Nella camera da pranzo, che trovasi a fianco della galleria, alle venti e trenta vengono allestiti due tavoli con sopra, ricoperti da tovaglie, tutta le pietanze della cena fredda. Mamma e papà, presenziano aiutati, da Zia Nerina e correggono, quando necessita, eventuali anomalie. Prima delle ventuno si presentano i primi invitati, zio Angelo Giannuzzi, Zio Eugenio Belmonte, Zio Pasquale Solimena, Zio Antonio Belmonte.

Suonano per annunciare il loro arrivo e si portano nella galleria adibita a sala da pranzo. Trascorrono cinque minuti e con un: "buonasera ed auguri al neo licenziato, arrivano Zio Florindo Longo accompagnato dal Compare di Papà, Francesco Caferri e il cugino di mamma che abita a Serra Aiello trainato alla festa dal Veterinario, Enzo Palermo.

Anche questo gruppo di invitati preferisce sistemarsi in galleria anziché in giardino. Alle ore ventuno e dieci, circa giungono in gruppo Il Conte Giulio Belmonte, Napoleone Ianni Guardia

Municipale, in tenuta di lavoro, Roberto Aloisio, Francesco Cicero, Zio Guido Belmonte, Lorenzo Viola ed altri che non ricordo.

Anche loro, preferiscono la tavolata della galleria a quella del giardino. Alle ventuno e trenta, quando i vecchi ,chiamiamoli così per distinguerli da tanti giovani, miei coetanei di gioco e di studi, sistemati da Alfredo nei tavoli del giardino, stanno gustando la bontà di un bicchiere di moscato della vigna di Giani, giungono accolti da un gran battimano mio fratello Stanislao, il Compare Don Pasquale Ranieri e Ciccio Russo che, con la vecchia Balilla, lo hanno prelevato a Campora San Giovanni.

Don Pasquale, il più anziano dei presenti essendo ottantaduenne, risponde a l'accoglienza con un gran cenno della mano, quindi si avvicina a me, mi abbraccia e porgendomi una piccola busta mi dice: *"Cumpari Giù! Signu in ritardu rispettu all'avutri dintra c'ìe llu regalu ppe ttie. Mo accupagname vicinu ad Angiuluzzu e assettate ccu mmie"*.

Quindi, sempre attaccato al mio braccio, lento pede, si avvia verso il posto desiderato nel frattempo reso libero dal primitivo occupante-fra nuovi applausi di tutti i commensali. Appena si appresta a sedersi il Collocatone Francesco sposta, in segno di cortesia, la sedia e sorridendo gli dice: "Benvenuto a Don Pasquale da parte di tutti i commensali che sono felici di averlo fra loro e lo eleggono re della serata" alzando al cielo un bicchiere di dolce moscato.

Don Pasquale con un ampio sorriso accetta il complimento e la carica serotina quindi alza il bicchiere di moscato che gli addetti ai lavori hanno introdotto in giardino e nelle sale ed esclama: *"Bevo alla salute del compare Giulio, del compare Valerio e di tutta la compagnia"*!

Quindi di colpo tracanna il nettare e si siede. Tutti i commensali partecipano al brindisi di apertura alzando al cielo i calici e ad operazione terminata a battere le mani all'arzillo vecchietto che duetta con zio Angelo seduto al suo fianco e risponde al saluto di tutti coloro che lo accennano con un leggero movimento della mano.

A questo punto il Collocatore si trasforma in Direttore di sala e con un tono di voce scherzoso, offrendo al vecchio Cancelliere un piatto ripieno di affettati caserecci e del buon pane di granone gli sussurra: *"Vuole, per cortesia dare inizio ai lavori accettando le prelibatezze, marca "Chianta". Grazie! Cancelliere stia attento al vino che è un Cerasuolo pericoloso di quattordici gradi"*.

Don Pasquale piglia per mano Francesco e ridendo gli dice: *"Grazie! Grazie da comunicazione. Prima me fazzu a base, dopu pruovu stu cerasuolu e pue te rispundu. Grazie Figlicì"* ed inizia a assaporare una bella fetta di vijjiularu alternati a pezzi di pane di granone. Fra un boccone e l'altro, con lentissimo movimento delle mandibole, alternando a parlare del più e del meno con me e zio Angelo, il Compare impiega una buona mezzoretta a sgranocchiare un colmissimo piatto di salumi, ma non tracanna vino.

Terminata la fase preliminare della cena, tracanna un quarto di bicchiere di cerasuolo, quindi si rivolge a zio Angelo e sussurra: *"Bella sirata e rroba pregiata. Menu male ca u cumpariellu m'iè venutu a pigliare"*.

La conversazione viene interrotta perché mia madre e zia Nerina si presentano con in mano un bel piatto di spaghetti alla carbonara ancora fumanti e servono il vecchio Cancelliere e il dottor Giannuzzi. Vedendosi servito a domicilio dalle due sorelle, don Pasquale si alza, prende il piatto, lo poggia sul tavolo e sedendosi aggiunge: *"Angiulù! Signu mortificatu! Ppe serbire nui due se su scomodate a Cummari Lina e muglierta. Un sacciu propiu cumu e ringraziare"*! *"Dovere"*, risponde zia Nerina. Dovere. Lasciate da parte i complimenti a me e Lina e godetevi questa bella serata. Quindi prende sottobraccio mia madre e si allontanano augurando buon appetito.

Don Pasquale e zio Angelo affrontano lento dente, la battaglia con la carbonara e tracannano durante il corso tre o quattro bicchieri di cerasuolo. A carbonara distrutta si presentano al tavolo il Conte Belmonte, il dottore Enzo Palermo e la Guardia Comunale Napoleone.

Una volta giunti in postazione Napoleone, scattando sull'attenti con grande saluto militare, rivolto a don Pasquale dice ad alta voce: "Salutiamo la Magistratura quindi continuano il Conte e Enzo, vogliamo fare un brindisi con l'ottimo cerasuolo che questa sera ci offre l'ingegnere di Malta.

Don Pasquale si alza ed invita i presenti a bere per auguriu di un futuro pieno di soddisfazione per il compare Giulio e mi cinge la vita col braccio.

Le gite dei commensali al tavolo di don Pasquale si susseguono con una certa monotonia anche perché il vecchietto tra il serio ed il faceto tiene testa a tutti con disinvoltura mangiando e tracannando senza sosta. Al tavolo dei buongustai composto dai tre Belmonte Eugenio, Antonio, Giulio,dal Solimena, da Roberto Aloisio, da Enzo Palermo, da Napoleone che in paese sono ritenuti, unitamente ad Alfredo, al Collocatore e a zio Angelo, non solo grandi forchette, ma ottimi bevitori campioni di resistenza all'alcol anche se ingerito in grande quantità, tutto procede con regolarità.

Don Pasquale si da da fare con regolarità ed e servito dai più giovani che di volta in volta lo riforniscono di cibarie e di vino, prelevandolo al buffet. Tra una fetta di capicollo e l'altra, tra un bicchiere di vino e l'altro il vecchio cancelliere tiene allegra tutta la compagnia raccontando fatterelli della sua vita in Tribunale che suscitano un'ilarità generale e molto interesse.

Alle ventiquattro circa, la maggior parte dei commensali che hanno partecipato alla cena fredda, ringraziano mio padre per la bella serata che, per bontà sua, hanno trascorso e abbandonano la nostra casa. Naturalmente, il Gruppo Don Pasquale non segue le orme dei moderati e continua la sua battaglia pantagruelica anche perché papà, non avendo altri convitati, si siede al tavolo e partecipa attivamente ai lavori.

Appena si mette seduto il padrone di casa riceve l'omaggio del Conte Giulio che alzando un bicchiere di cerasuolo gli dice:

"Valè! A nume di quatraricca presenti azu allu cielu stu vinu eccezionale brindisi fazzu a ttie e don Pasquale".

Quindi si avvicina al tavolo, alza il bicchiere colmo ed esclama, tracannando il contenuto d'un colpo: "E mo tutti i presenti inchiuti li bicchieri, vivissiru d'un fiatu, brindisi fazzu a Giulu licenziatu."

Quindi vedendo che don Pasquale beveva lentamente sorseggiando il vino aggiunge rivolto a Napoleone e quindi a mio padre: *"Me sa ca avi mumbriacatu don Pasquale. Vijiuca vive ccè unna certa musceria. Se vide ca un c'ìemparatu a vivere nu bicchiere de vinu forte cumuchissu da Chianta! Valè, me sa ca stasira u Cancelliere un se ricoglie alla Mirabella e adde dorme recca ad'Aiellu. Oltre tuttu, alle dece e menza, Napuleune, Rubertu e llu miedicu Palermu avianu avutu l'idea de mbriacare don Pascale e me sa mo, certamente, u fanu."*

A questo punto, Don Pasquale che continua a bere a piccoli sorsi, alternando il vino con del companatico, che è abbondantemente sparso sul tavolo, ha udito il discorso di zio Giulio e risponde con un gra sorriso e tanta indifferenza. Tale atteggiamento viene interpretato dai più giovani come un segno di debolezza del vecchio Cancelliere ed unanimemente ,tutti, decidono di forzare la mano per ubriacare Don Pasquale. Papà, che conosce il Compare come uomo resistente all'alcol, si rende conto di

quanto Napoleone, il Conte e compari si accingono ad organizzare, rivolgendosi a Zio Angelo, sorridendo pronuncia tre parole: *"Attenzione ca ve curche"*.

Quindi, chiama Francesco e gli ordina di farsi dare da mamma
certe cibarie custodite alla dispensa che aiutano a digerire il vino
mettendolo al corrente del tiro che si vuole giocare ai danni di
don Pasquale .Francesco nel giro di cinque minuti esegue l'ordine e con l'aiuto di Napoleone depongono sul tavolo il ben di
Dio unitamente ad un certo numero di bottiglie di vino. Quindi
rivolto a zio Giulio gli sussurra:

*"Conticì! Cca cce su tutti l'ingredienti ca m'ha circatu don
Baleriu, ma ppe quantu nde sacciu io, attenzione, ppecchì me sa
ca stasira ìe don Pascale ca curche a vvui no vvuiad'illu. Attenzione ca ie di mparat uccullu Savutu e don Giuvanni de diceut-
tu, diciannove gradi. Attenzione, Conticì, ìe nnu bruttu cliente.
Io e don Baleriu v'avimu avvisatu, mo per metta me ca vaiu a
v'arrustere tri stucchi e sazizze frische. Conticì! Uomo avvisatu
mienzu sarbatu hanu scrittu l'antichi"*.

Non aggiunge altro, a velocità supersonica afferra un grosso
bicchiere di cerasuolo che è colmo e sul tavolo,lo alza in alto e
dice:

"Brindo a Giuletto e a tutti i convitati". Poi con mossa repentina lo manda giù, depone il bicchiere vuoto sul tavolo e velocemente guadagna la porta della cucina. Uscito Francesco nella
sala, in attesa dell'arrosto di carne promesso, si formano due
gruppetti di commensali diversi uno più pacifico, formato da
papà, Zio Angelo, il Segretario Belmonte, Zio Pasquale Solimena, Don Pasquale. L'altro, chiamiamolo d'assalto, composta da
Roberto Aloisio, Il Conte, Napoleone, Enzo Palermo. Il primo è
seduto ad un angolo del grande tavolo e" spizzica salame, pecorino o altro". Il secondo seduto lontano sul secondo tavolo e
confabula e trama sul come ubriacare don Pasquale.

Il piccolo congresso è presidiato dal più vecchio della compagnia e fomentato da Napoleone ed Enzo che le vogliono tentare tutte per riuscire nell'intento. Il Conte, essendo un buono per natura è neutrale e come tale si rivolge agli altri dicendo. " *E bbia vi. Guagliù, un capisciu ppecchì voliti mbriacare don Pascale! Guardatilu, se sta scialandu. E bbia vi! Me pare ca ìe nnu peccatu mortale le fare l'affruntu ca voliti vui.* " *Cumu Presidente pped'anzianità, tuona Roberto, un signu d'accuordo cco tie Conticì.* ".

"*A verità di fatti ìe ca Don Giuliu*" soggiunge Napoleune, subentrando, "*ca Don Giuliu ìe mbecchiatu e un sa sente cchiù. Duttù, continua, rivolgendosi ad Enzo Palermo, vui cchi diciti! Cchi nde penzati. Ottima idea chilla e mastru Rubertu. Ppe chillu ca me riguarde un tiegnu problemi però me pare giustu mintere al corrente Valeriu de quantuvolimu fare.*"

Detto e fatto. Mettono a punto il piano d'assalto e chiamano papà a rapporto. Don Valerio che tutto immagina tranne il tentativo di ubriacare Don Pasquale, appena Napoleone lo mette al corrente di quanto si vuole organizzare, scoppia a ridere e rivolgendosi ai congiurati esclama: "*Si c'e resciti, ma canusciendu u cumpari ca oltretutto ìena bona forchetta e n'utre senza fundu, me sa ca faciti nu bucu dintra l'acqua. Mastru Rubè, tu l'avissi de canuscere buonu don Pascale ppecchì si statu tante vote ndo d'illu. Guagliù io un tiegnu nente in contrariu, fate vobis, ma attenzione ca u vecchiottu ve curche a tutti quanti*".

Detto questo si alza e torna al suo tavolo facendo un certo cenno ad Alfredo e Francesco che sono entrati in sala con una guantiera piena di carne arrostita fumante.

La schiera dei congiurati non appena la guantiera viene depositata sul tavolo mette in opera il piano di guerra stabilito. Comincia Roberto che si alza, si porta al tavolo con un piatto ed una forchetta, vi trasferisce una bistecca quindi si reca da don Pasquale, gliela offre con un gran sorriso e lo invita a brindare al compare Giulietto.

Don Pasquale ringrazia, accetta l'offerta quindi, riempie il bicchiere ed invita tutti i presenti a brindare con lui avvisando che un rifiuto sarebbe un malaugurio.

Per una buona mezzora le gite al tavolo del Cancelliere si susseguono con i congiurati che si alternano a proporre il brindisi, convinti di ubriacare Don Pasquale. Ma la vecchia quercia ne sa una più del diavolo, mentre i giovani pensano solo a bere lui tra un bicchiere e l'altro mette spizzica con molta calma e regala a destra ed a sinistra grandi sorrisi.

La battaglia continua per una buona mezzora, ma non succede niente di eclatante tanto che Francesco ed Alfredo che si sono uniti ai commensali, chiamando da parte Napoleone e il Conte gli sussurrano a bassa voce: *"Un ce faciti nente. Napuleù, si un ne sbagliamu tu e mastru Rubertu aviti l'uocchi lucidi un siti tantu svegli. Lassatice stare. Don Pascale ve curche. Francì stative citu, donn'Angiulu ma dittu chianu chianu intr'aricchia Napuleù, simbriacati u dutture Paliermu e don Pascale, vieni allu studiuca a ttie e llu Conte ve fazzu nu bellu regalu, d'altra parte u sta vidie ndu capuruillu e don Geniu partecipanu veramente viviendu ccu lli cagni. Grazie Francìie l'una passata, nde parramu fra na menzura"*.

Senza aggiungere altro si portaal tavolo presso gli altri. Nel frattempo al tavolo di Zio Angelo dove sono nseduti papà, Zio Eugenio, zio Pasquale Solimena a mezzanotte e mezza salutando è andato via, Don Pasquale, comincia ad intuire qualcosa e non sapendo che anche il dottor Giannuzzi era partecipe della guerra, si rivolge a lui e gli sussurra:

"Angiulù me sa ca i guagliuni se vuonu divertere. Me sa ca se pensanu de me mbriacare. Povarielli un ìe cosa loru. U cerasuolu da Chiantadu Cumpari Valeriu ìe nnu biellu bicchieri de

vinu, se vive ccu piacire ma ppe mmieìe n'aperitivu e si fa una gran risata".

Per una buona mezzora la guerra del bicchiere continua e spariscono parecchi fiaschi di vino. Verso le due circa, nella stanza e al tavolo restano due persone. Don Pasquale ed il dottore Palermo. Gli altri con un gran lavoro suppletivo di Francesco ed Alfredo sono scomparsi. Zio Angelo è "stivaliato" sul letto in camera mia con una borsa di ghiaccio sulla testa e da i numeri, il Conte e Napoleone sono in stato confusionale in giardino su una sedia a sdraio, Roberto è stato portato a casa con l'aiuto del figlio Isidoro, il Segretario Belmonte dorme pacificamente in camera mia nel letto di mio fratello Stanislao. Nel salone don Pasquale ed Enzo Palermo, imperterriti, continuano a "spizzicare" e sorseggiare, di tanto in tanto, il buon rosato che non manca sul tavolo in compagnia di Francesco ed Alfredo.

Ad un certo punto quando Alfredo si assenta e dopo poco si presenta con quattro fumanti tazze di caffè. Enzo Palermo si alza, si appropria di due tazze di caffè, si porta al tavolo di don Pasquale, si siede, gli porge una delle tazzine e soggiunge alzandola a mo di brindisi:

"Alla vostra salute. N'hanu lassatu suli. Alla vostra e mia salute, don Pasquà. E pensare ca ve volianu mbriacare. Anzi mo ca ce piensu buonu criiu ca ne volianu mbriacare."

Il vecchio Cancelliere risponde ad Enzo con un leggero sorriso e dopo aver bevuto il contenuto della tazzina esclama con ironia:

"Cose e guagliuni. Caru Enzolinu, nel corso della mia vita ndaiu ntisu fischi e piche, figurate si me potianu impressionare i propositi de sti quattru pescari." Non aggiunge altro, non attende risposta, si alza, si avvicina a me e papà seduti con Alfredo e Francesco al tavolo e ci invita a voler accompagnare lui ed il dottore a casa a Serr'Aiello e Campora.

MANGIATA ALLA "CHIANTA" VALERIU ERNESTU FRANCISCU E LLU CRA-PIETTU

Aiello 10 marzo 1957, da quindici giorni mio padre possiede la Fiat 1100 – 103 nuova versione che gli è stata consegnata dopo appena quindici mesi di attesa dal concessionario Abbate di Cosenza.

Per festeggiare la tanto attesa consegna, mio zio Angelo Giannuzzi, sindaco di Aiello, mio zio Eugenio Belmonte, segretario comunale e zio Giulio Belmonte detto il conte sono in attesa del promesso invito dell'ingegnere di Malta che si è impegnato, alla consegna della vettura, di organizzare una cenetta alla Pianta di Cleto.

La cenetta, per precisione consiste nell'andare nella nostra azienda in contrada Pianta di Cleto e, lontani da rumori paesani, "spizzicare" a base di salsicce, soppressate, qualche fetta di capicollo e concludere con una infornata di capretto, galli e patate paesane, il tutto innaffiato dal contenuto di un piccolo "carracchio" di vino cerasuolo della zona.

Verso le ore diciotto il Conte, che tallona mio padre da più di una settimana, non appena lo incontra in piazza, gli fa gli auguri per la vettura nuova.

Usando la parola *"forimaluocchju Valè!"* gli ricorda l'impegno assunto con il sindaco Giannuzzi. - *Valè, fosse ura ca te decidisse a me portare alla Chianta, non per altro, ma ppè mantenìre a prumissa fatta a Natale. 'A simana entrante trasenu i sette juarni e Pasca è passata, chissa, cumu dice llu dittu anticu, passatu lu santu passata la festa. Te salutu pede e ficu Valè. Giù* – risponde mio padre – *Giù, ha fattu buonu a mmu ricordare, domane un tiegnu mpigni e si siti liberi domane dopu mangiatu jamu alla Chianta a fare baldoria. Giù, avvisa Angiulu, Genuz-*

zu e Pascale Solimena, ca ìe na bona forchetta, e nnu parente e nnu vicinu al quale alla casa volimu tantu bene. Conticì, però vida de trovare Franciscu u Collocatore e mandamilu alla casa pecchì iedi il "deus ex machina", canusce vita e miraculi alla Chianta e cucine ccu lli cagni. Statte tranquillu Valè – risponde il conte – vaju e fazzu tutte e 'mbasciate e te mandu a Franciscu".

Senza proferire altro, parte come un razzo e nel giro di mezz'ora esplica le mansioni che gli sono state affidate riferendo a mio padre la disponibilità del gruppo per il giorno dopo. Detto e fatto senza altri indugi i due stabiliscono l'ora della partenza che viene fissata, senza effettuare ritardi, per le ore quindici dell'undici marzo. Alle ore venti, salgono a palazzo il conte Giulio ed il collocatore Francesco.

Salgono le scale di casa nostra ed, essendo la porta d'entrata aperta, si portano nello studio dove mio padre è al lavoro. Bona sira Valè – esordisce il Conte – *t'aju portatu a Franciscu ccussì cumu vussuria ha ordinatu.* Buona *sera* – risponde papà – *assettative ca fazzu a summa e signu a vui* – quindi a voce alta chiama Olga alla cui comparsa nella stanza ordina: - *porta na buttiglia e vinu e dui bicchieri ca certu don Giuliu tene sidde* – quindi, avendo fatto quanto doveva chiude il fascicolo e con i due stabilisce il da farsi per la trasferta in azienda. *"Francì, te raccomandu, avimu a cchi fare ccu tri forchette cumu Angiulu, Genuzzu e Pascale Solimena, vida chillu ca vue e fattillu dare de Fiorenzu. Jamu ccu due machine, "u Pisce"* così detta per via della forma allungata. *de ad Angiulu e la 1100 mia. Tu guidi u "Pisce" e te puarti Angiulu e Genuzzu, Giuliu guide la machina mia e porte a mie, u Conte e a Pascale.* Il giorno dopo alle ore quindici esatte la comitiva prende posto nella 1100 e nella Fiat Balilla Stanguellini di zio Angelo, e parte per Cleto.

Mezz'ora di viaggio e la comitiva giunge alla Pianta Soprana nel piazzale della nostra azienda agricola. Scendono dalle due macchine gli ospiti e, guidati da miao padre, che viaggia in testa al gruppo, una volta salita la scala, si trovano sulla terrazza che fa da entrata alla casa padronale detta in gergo "u Casinu".

Non vedendo nessuno uscito a riceverci ed essendo la porta balcone appena socchiusa papà bussa ed entra nella grande stanza del soggiorno e si trova di fronte il guardiano Ernesto e sua moglie Isabella che si erano adoperati ad uscire per ricevere le persone giunte nel piazzale con le due macchine.

Alla vista del Proprietario Ernesto, che non si aspetta la visita, cade dalle nuvole ma non si scompone e sorridendo dice: *-Ah! Siti vui Don Valè! Si m'avissivu avvisatu tramite u telefonu e Settimiu 'e Carru, me fossi fattu trovare abbasciu supra l'aria du Trappitu".* Poi vedendo gli altri ospiti, continua - *bona sira a tutti vui. Circu scusa si un signu venutu a vve ricevere. Trasiti! Trasiti! E fa segno con le mani. Sabbè, chiama ad Anna e portati cinque segge de llà dintra. Ernè! Un te preoccupare, un t'aju avvisatu pecchì avimu decisu a nna vota de venire'ncampagna ccu llu cognatu e lli cugini ppe nne mangiare nu pocu de rrobba genuina nnaffiata de nu bicchieri de vinu cerasualu de Sant'Angiulu. Ernè! Minta a disposizione de Franciscu a cucina, stuocchi de sazizza e tuttu chillu ca serbe ppe preparare na bella cena. Trova e fatte dare ancunu gallu, patate, vruocculi 'e rapa, insomma tuttu chillu chi Franciscu te cirche. Intra a milleccientu ce su tri buste ccu pasta ed atri 'ngredienti, ccu Franciscu saglitili e, ccu carma, faciti i lavuri necessari ppe na bbona riuscita. 'Ntantu, subitu, fa apparecchiare na tavula supra sta terrazza ca ccussì guadi Donn'Angiulu ca stasira ìe llu comandante de piazza. 'Ntramente porta nu paru de frise bagate, na felliata de capeccuollu, de sazizze, de vijjiularu e de supressate, accumpagnate de nu tinelluzzu d'alive virdi ammaccate".*

Mentre Papà dice queste cose, arriva Francesco con le tre buste di derrate alimentari e nota che il discorso di "Don Valerio" non è tanto piaciuto e che l'espressione del viso del guardiano non promette niente di buono anzi, proprio l'imbarazzo evidente di Ernesto, che certamente a malincuore è costretto ad obbedire suo malgrado rispondendo all'ordine ricevuto con un: "cercherò di fare il mio meglio Don Valè".

 "Ma ìe viernu ed ìe stata na brutta annata e v'avieti accuntentare de chillu ca potimu offrire. Ccu lli tiempi ca curranu un puozzu fare miraculi. Il discorso e l'espressione del viso di Ernesto mettono sull'attenti Francesco che ha "mangiato la foglia" e sotto voce mi sussurra: - *M'aju già fattu na caminata 'ntuornu allu casinu ppecchì m'aspettave llu discursu c'ha fattu Ernestu. Fatte dare 'a chiave du magazzinu da Vota ccu l'archi. C'ìe n'appisa no de una ma de dui puorci, due vutti de vinu, nu "carracchiu" piccirillu e dui casciuni chiusi ca certamente tenanu dintra cose bbone. Aju smicciatu da finestrella d'arriadi ca tene na visuale limitata, me sa ca lla parte am--mucciata c'ìedi puru na bella spasella ccu pezze de casu pecurinu. Fatte dare 'a chiave d'Ernestu ca jamu a vìdere".*

 Ma torniamo sul terrazzo. Nel giro di dieci minuti, Isabella ed Anna, suo "Sancio Panza", apparecchiano un lungo tavolo ed Ernesto scende nel magazzino dispensa, seguito come un'ombra da Francesco a prendere uno dei capicolli, naturalmente quello più piccolo, e quattro, dico quattro "stuocchi" di salsiccia appena stagionata. Su frische – sentenzia Ernesto rivolgendosi a Francesco ed ignorando me.

 "Sta ciambotta s'avìe de organizzare no oje , ccussì all'improvvisu, ma fra na quindicina de jiuorni ca 'u vìe benedittu a Don Baleriu! Quindi, facendo segno con la mano, sempre rivolto a Francesco aggiunge: - Ppè piacire piglia due de quattru damigianelle poggiate llà nterra ca su chjne de vinu da marina travasatu l'atrieri matina".

Francesco che ha adocchiato roba non elencata da Ernesto e fissato bene nella mente il ben di Dio contenuto nel locale, esegue l'ordine. Prende le due damigiane e ci segue fino alla cucina senza proferir parola. Ernesto, senza scomporsi, appende la chiave della dispensa ad un chiodo che è murato vicino al "fuocularu", poi rivolto a Francesco gli ordina: - Tu felija u capeccuollu e lla suppressata ca io preparu u pane e mandu Anna a pigliare na tuma 'ndo llu pecuraru.

A questo punto, per cercare di ristabilire le gerarchie e far capire certe cose ad Ernesto, intervengo con la frase: - Tri o quattru Ernè! Tri o quattru tume. Ernesto non accusa il colpo perché continua a dare ordini a Francesco che fa finta di ubbidire ma in cuor suo ha il piano di guerra e me lo fa capire chiudendo e aprendo più volte gli occhi con un beffardo sorrisetto sulle labbra. Il Conte, avendo visto passare la damigianetta col vino, arriva in cucina e si fa riempire il bicchiere che tracanna velocemente. Dalle contorsioni e dalle "sgrizzate de mussu" di zio Giulio, Francesco si rende conto che è, come suole dire Totò, una "ciofeca" e per farla breve mi fa capire che è necessario che io pigliassi la chiave della dispensa e che lo seguissi.

Anna, nel frattempo, è rientrata con tre grosse verze e chiede ad Ernesto il da farsi. *Pulizzale e vullale ca pue Sabbella minte llu quadaruottu allu fuocularu, ccè jette nu paru de chili de frittule sarbate intra u grassu a simana passata e prepare nu biellu primu piattu.* Francesco, udito l'ordine impartito dal guardiano mi urta con la mano e con la testa mi fa segno di seguirlo.

Nel frattempo i commensali "spizzicano" a base di capicollo e soppressate ed attendono il vino che Ernesto porta loro in una enorme "cannata".

All'assaggio mio zio Angelo rivolto a papà dice: - *"Acitìje Valè! Acitìje! Ernè cchì cagnu n'ha portatu! – esclama sorridendo mio padre. Vida ca Sabbella ha certu sbagliatu damigia-*

na. Don Valè? Purtroppo st'annu u vinu ud'ìe nu granchè, viju si nde truovu na damigianella cchiù bonicella. Vida! – sussurrano zio Pasquale Solimena e zio Eugenio Belmonte – sinnò e felle de suppressata ne restanu 'mpitte alla cannarozza".

Mentre sopra succede questa contestazione, con Francesco munito di trivillo, coltello ed una damigiana da dieci litri vuota, scendiamo in dispensa. Francesco prende un grosso imbuto che è sul tavolo lo infila nel collo della damigiana e mi grida: - *appena 'mpilu u trivillu intru u grupu attippatu du cugnuolu fa in modu ca u vinu vada intra u 'mbutu e un te preoccupare ca un de fazzu perdere.* Detto e fatto, la botte contiene un vino cerasuolo eccezionale, una volta riempita la damigiana, tutt'e due trionfanti rientriamo nella terrazza e finalmente i commensali possono spizzicare e brindare a tutti ed a tutto.

Annusando l'ottimo odore dei cavoli con le frittole semifresche quindi profumate, Francesco mi fa: - *Buonu l'urdure, ma. Ma ud'ìe ca Ernestu sa vue cavare ccu quattru frittule e cavuli squadati ppè primu piattu?* Quindi corre in cucina dove c'erano i tre cuochi e rivolto ad Ernesto gli grida: - *Ernè, Ernè? Damme dui cartucci c'aju vistu na beccaccia posare intra u vallune a fiancu a turre ca la vaju a sparare. Ernesto* colto alla sprovvista, ed anche per tiglierselo dai piedi risponde: - *Francì! Francì! U fucile ìedi appisu allu muru, i cartucci su dintra u tiraturu da scrivania sutt'ad'illu, pigliatilli ca io un puozzu lassare.*

Detto e fatto, Francesco mi tira per il braccio e mi porta nella "missata" sottostante il casino dove razzolavano una trentina di galline e quattro galli, due livornesi due canadesi di grossissima taglia. Io sparu allu jancu – mi fa- tu spara allu russu, me raccomandu Giù, spara allu chhiù gruossu. Echeggiano il primo e dopo un minuto il secondo colpo. Giustizia è fatta.

I due fucilati rientrano nella casa aziendale portati da Francesco per le zampe con i quattro commensali che applaudono non appena imbocchiamo la rampa di scale che porta alla terrazza. Ernesto, udendo i due spari, spinto più dalla curiosità che da altro, si porta sulla terrazza ed alla vista delle vittime dei due colpi di fucile, redarguisce Francesco dicendo stizzito: - *cc'ha fattu! I dui galli eranu ppè 'e razza e tu l'ha sparati. Ernè,-* replica Francesco- *io unn'haju sparatu a nessunu gallu, pigliatilla ccu Don Giuliu nò ccu mmie. Armenu avissevu sparatu i cchiù piti-rilli.* Mio padre e la banda dei quattro che hanno assistito al dialogo ed al monologo di Ernesto rientrano sorridendo beffardi e zio Angelo soggiunge - *Falli spinnare! Ca Franciscu sa cumu l'adde arrustere allu focularu. Ernesto a malincuore obbedi-sce"*.

Prende i due galli e si reca in cucina,lanciando uno sguardo che no n ha niente di buono Francesco.

A questo punto, mentre in cucina si lavora alacremente, la banda dei quattro più me e Francesco, si reca nel retro "Casino" dove, in un gran locale, ci sono due capre calabresi e due maltesi che mio padre ha fatto venire non so da dove. Sgravate da poco più di un mese, sono madri di due gemellini, più piccoli quelli delle maltesi, capretti da latte abbastanza pesanti quelli delle calabresi. La numerosa prole è custodita in una grande gabbia di legno ubicata in uno dei quattro angoli del locale detto in "zaccanu"

All'arrivo nel locale della banda, mio padre fa il Cicerone osannando alla bellezza ed all'utilità delle due maltesi, animali mansueti, che tra mattina e sera producono più di due litri di ottimo latte a capo. Mentre gli altri si dedicano all'osservazione delle due maltesi, Francesco adocchia uno dei due capretti nostrali di grossa taglia e sottovoce mi chiede.*"si un me sbagliu haiu vistu intr'a mjllecientu nu biellu curtiellu de caccia puntu-tu. Piglialu! Piglialu! Quandu l'atri nescianu du locale ca me serbe"*.

Anche questa volta,incuriosito, obbedisco all'ordine del cuoco Francesco Esco, apro lo sportello della macchina, prendo il coltello custodito nel cruscotto, rientro nella stalla, mi porto vicino al "zaccanu" e porgo il grosso coltello a Francesco. Pochi minuti ed il capretto più grosso dei due di razza calabrese lascia questo mondo di lacrime. Francesco ha vinto anche questa battaglia della guerra della Pianta ma appena, col capretto da spellarsi si porta nel porticato del frantoio che trovasi di fronte alla cucina, trova Ernesto che ha un diavolo per capello. Lo affronta e lo redarguisce con frasi irripetibili, ignorando che mio padre e gli altri sono nel frantoio in visita ai nuovi macchinari "pieralisi" acquistati da appena un anno e modernissimi.

"*Sì veramente nu delinquente!* – grida Ernesto rivolto a Francesco con voce molto adirata. *Vidimu mò cchì te serbe cchiù! Ha scannatu u crapiettu ca ccu Settimiu avimu sceltu ppè nde fare, data a taglia nu zimbaru eccellente. Un te permettere de fare atre cose senza circare u permessu a mmie! Ha capitu? A capitu*"?

Mio padre, che dalla soglia del frantoio ha assistito alla scena ed udito le parole di Ernesto, con voce calma, ma perentoria, rivolto ad Ernesto dice: "*veramente basta lo dico io! Ernè! Ìe mai possibile ca un te riendi cuntu ca quandu ce signu io, Franciscu po' fare chissu ed avutru*".

"*Pensa ad organizzare a cena e finisciala 'e cecaliare e sta manera. Quandu ce signu io, ca mò m'ha ruttu chille cose, ud' usare sti toni. Si ud'aju parratu io ppè chillu c'ha fattu Franciscu – ostentando un grande sorriso – figuramune si ìe necessariu ca parri tu ccu sse ciotìe. Anzi, prima ca me scuordu, ud'aju capitu ppecchìud'a cacciatu d'a vutte stu magnificu cerasuolu ca Franciscu ha trivillatu e m'ha fattu vivere puru a Cusenza chilla ciofeca acitusa, domane, travasa u vinu intr'e damigiane ca domane a prima sirata, mandu l'Ercolinu a lle pigliare. Mò, fatta l' cunta di presenti inchja sie damigianelle de cinque litri l'una ca Franciscu e conze dintra a millecientu e pue e porte alla casa di cigini ccà presenti. "cinque, Don Valè – precisa Ernesto. "Sie t'aju dittu Ernè. Quattru ppè l'ospiti , una ppè mie, una ppè Franciscu. Me pare ca a summa ìe sie nò cinque o pienzica Franciscu 'a tene cchiù vascia de l'atri e un merite de vivere vinu"!*

Data la perentorietà dell'ordine impartito con un tono che non ammette deroghe o contraddizioni, Ernesto si ritira in buon ordine anche perché non si aspettava di essere trattato, per colpa di un Francesco qualunque, in questo modo inconcepibile per uno come lui. Batte in ritirata e va in cucina dove trova moglie e inserviente che attendono ordini.

Vedendolo adirato per colpa del volto teso, Anna chiede: "*Patrù, cchì t'ìe successu ca fa sta faccia? "parramu d'avutru Annicè, risponde Ernesto ca ìe miegliu. Chillu delinquente de Franciscu vulisse pigliatu a cavuci ppè chillu c'ha fattu. Ha trivellatu a vutte, sparatu i miegli galli e ascorta, ha scannatu u crapiettu grande. Ma a cosa cchiù malamente ìe ca Don Baleriu l'ha datu ragiune ed io haju dovutu e stare citu. Patrù, risponde Anna, 'a verità ìe ca tu sì statu fissa. Ìe miegliu ca un te dicu u pecchì.* Poi rivolto a me che dalla soglia della porta avevo assistito alla scena,con un sorriso ed una grandissima faccia tosta, mi dice: "*trasiti, trasiti, lassati stare ad Ernestu ca ud'ìe la prima vota ca strampalìe*".

Aiello 10 marzo 1957

E VERMICOCCHE
FRANCISCU I QUATRARI E LLE LIMBERGIE

Aiello Calabro, 4 Agosto 1961,come ogni estate,con i compaesani venuti ad Aiello in villeggiatura il Paese s'è ripopolato.

Moltissimi Aiellesi sono rientrati dalle città italiane e dalle Nazioni estere dove vivono e lavorano, per trascorrere quindici giorni di pace, di mare, di montagna, di svaghi con giochi ed usanze che altrove non esistono.

Sono rientrati da Cosenza, quasi tutti gli emigrati stagionali. I Cicero, i Viola, i Sicoli, i Vocaturo, i Coccimiglio, i Pucci, i Civitelli, i Ianni e soprattutto i Giannuzzi con in testa il Giudice Raffaele che è il capo carismatico di noi giovincelli a mare. in paese, in montagna.

Da Roma è venuto a trascorrere le ferie zio Geniale di Malta che è il primo aiuto del Magistrato Giannuzzi qua ad Aiello. Il quartier generale del gruppo è il "vecchio" Cantone del dazio dove arzigogola zio Guido Belmonte e dove, dopo cena, tutti noi ci raggruppiamo, sparliamo di questo e di quello, organizziamo scherzi, riunioni, giochi, trovate.

Il capo della Banda, naturalmente è il Magistrato che dirige le azioni, coadiuvato da mio zio Geniale, da zio Guido Belmonte, da Francesco Cicero. Le vittime più colpite dalla nostra Banda sono il Presidente del Tribunale di Genova Antonio Vocaturo ed il Questore di Milano zio Ciccio Solimena abituali perdenti delle sfide giornaliere a tre sette e briscola con il duo Belmonte Cicero, ma soprattutto il mio Compare Francesco Caferri Veterinario del Circondario di Aiello.

Infatti, mentre al Solimena ed al Vocaturo, giornalmente, ci pensa il duo Belmonte Cicero con le buone o con gli imbrogli necessari a giocare un brutto tiro con farsa conseguente spassosissima a fine partita, con Caferri deve impegnarsi tutta la Banda. Il compare Francesco, infatti è un testardo che si atteggia in tutti i campi e vorrebbe vincere le battaglie che giornalmente combatte con noi giovani.

Alcune volte riesce a spuntarla e ci mette in K O, ma il più delle volte ci rimette le penne ed accetta senza offendersi le sconfitte. Una di queste battaglie che definirei" senza Quartiere" è questa che mi accingo a raccontare così come si è svolta naturalmente con la vittoria della nostra Banda.

Sono le ore diciannove circa del due agosto quando al Bar Nicastro giungono il Presidente Vocaturo e Zio Ciccio Solimena per assaporare il solito caffè di ottima qualità. Non hanno ancora messo piede nel vaglio esterno del bar che una coppia di voci sussurrano: *"jamu bielli! Jamu ca i'e tardu! Nui simo cca da oltre mezz'ora e ppe pocu un ninde simu juti*! Sono zio Guido e Francesco Cicero che attendono la coppia per la solita lezione giornaliera di tresette e briscola.

Nel corso della partita seduti o adagiati sul muretto del bar,assistono alla ridicola contesa tra i quattro anziani primi attori per via degli spassosissimi dialoghi e soliloqui, molti spettatori tra cui alcuni ragazzi della Banda ed il Compare mio Caferri che a fine partita pontifica."Cicciu Ni" rivolgendosi all'amico Nitti che ha vicino *"u sa cchi te dicu; un te scordare ca ad Aiellu non a casu me chiamati tutti a Cassazione, i dui Quatrari, cumu i chiamanu Cicciu e Ntoni ccu lli dui viecchi fanu i sbierti e mbroglianu e carte vinciendu naturalmente e partite. Ccu mmie un ce rescissiru. Ccu unu cum'e mmie ud'i'e cagnu loru a vincere na partita. Ud'ie cagnu loru"*.

Presenti alla dissertazione ultima del Compare Francesco oltre a Ciccio Nitti erano presenti Alberto Belmonte e Ernesto Cicero che la sera alla riunione serale al "Cantone" riferiscono alla Banda quasi totalmente presente le parole della Cassazione.

Naturalmente il discorso conclusivo del Caferri non piace affatto al duo Belmonte Cicero ed è Zio Guido che rompe gli indugi rivolgendosi a Francesco e sentenzia: *"Francì, me pare ch'ìe giunta l'ura de dare alla Cassazione na bona lezione! Ccu Rafele e Geniale studiati cumu e quando."* Guì! *Tieni ragiune. Necessita al più presto dare una buona lezione al cugino e dai sorrisi di Rafele e Geniale mi rendo conto che siamo nel giusto. Ne vidimu domani sira"* e si avvia al rientro a casa imboccando corso De Seta.

Trascorre una settimana ed non succede nulla di nuovo se non le chiacchiere che seguono le lunghe partite a carte o le sfide a biliardo tra vecchi e giovani anche perché la Cassazione con la moglie Lisa sono in vacanza a Lago, paese natale della consorte. Rientrato ad Aiello il Veterinario non demorde dal criticare la serale partita a briscola e tressette tra i Vecchi ed i Quatrari i quali ultimi per tutte le illazioni che esterna in pubblico lo aspettano al varco anche perché della cosa si parla a casa Belmonte, nelle riunioni serali delle donne che si riuniscono la sera e giocano a ramino, a scopone, a bridge.

Per farla breve tutta la Banda in agguato con tutti i componenti, cerca l'occasione per vendicarsi della "Cassazione" soprattutto con Zio Guido e Francesco Cicero. Il 18 Agosto i due sono fermi alla curva di casa Caferri ad ammirare un rosso tramonto del sole bellissimo quando i loro occhi si posano su una grandissima pianta di limbergioni ubicata nel sottostante orto giardino stracarica di frutti distante dal parapetto del Corso poco più di due metri.

"Francì, mormora, ridendo Zio Guido! Vidi tu chillu ca vighiu io!" E limbergie *soggiunge con riso beffardo. E limbergie du Cafierru!"* Un attimo di pausa e con una grande risata la considerazione di Zio Guido:

"Tu t'a mmagini cchi scherzu ppe Lisa e Cuginuta, si rescissimu a lle ricogliere tutte mo ca su cunchiute! Si un ce fossi llu

*cane lupu animale veramente periculusu fossi nna passiata e ri-
cogliere. Peccatu. Peccatu. Fare nu scherzu de chistu genere a
Lisa e Franciscu, continua il Belmonte, fussi veramente n'avve-
nimentu, puru ppecchì Lisa ogni fine Agustu mande nu barattu-
licchiu piccirillu de duicientu grammia Maria e n'atru a Nina.
Cridame Francì ìe nna marmellata squisita e unica. Sapimu
cumu a pigle lla cosa. Pensamuce buonu prima de organizzare
u fattu. Stasira allu "Cantune" nde parramu ccu Rafele, Geniale e lli Quatrari e ppue vidimu".*

La sera alle ventuno la Banda, dopo aver giocato per una buona
mezz'oretta a" gravulu chiumbo" alla Porta, scende al portone
del dazio dove sono in attesa Zio Raffaele, Zio Geniale, Zio
Guido e Francesco Cicero. Dopo i saluti di rito, si passa alla discussione se conviene o no mettere in pratica l'idea: *del duo Cicero, Belmonte".* All'unanimità si decide di mettere in pratica
l'idea e per vedere come, ci rechiamo in massa ed in silenzio
alla curva di corso de Seta in osservazione. Per mettere in pratica il "Piano" in cortese silenzio o con discorsi e parole a bassa
voce, si analizzano i dettagli del futuro intervento, si stabilizza-
no i singoli impegni e si rimanda lo studio dell'operazione alla
sera del giorno dopo.La riunione è fissata alla Porta sul ballatoio
sedile della ex Casa del Fascio a tardissima sera quando non c'è
più passeggio di cittadini.

La sera dopo, verso le ore due, tutto il gruppo di cospiratori ci
ritroviamo al posto prestabilito dove per oltre un'ora si discute
anche animatamente sul da farsi e sul come risolvere il problema
inerente la presenza del cane lupo che ci impedisce l'entrata
nell'orto e quindi la raccolta del frutto. Il problema di tenere
buono il cane lo risolve con voce ed intervento perentorio Ernesto Cicero.

*"Papà, sussurra a bassa voce, u problema du cane vu risuorbu
io ca u tiegnu buonu io allu canciellu. Ve siti scordati ca a cana*

du zu Franciscu ogni sira a puortu io a sse fare a passiata alla Porta e a Santa Maria. Pensati a cumu ricogliere e limberge da curba da strata e S Francicu. U cane un ie nnu problema".

A questo punto Zio Raffaele, Capo carismatico del Gruppo, lanciando un lungo sospiro di liberazione, rivolgendosi a tutti noi dice: *"Bene, bene, la cosa più difficile è risolta, passiamo ad altro. Come facciamo a raccogliere i pesantissimi limbergioni dalla strada! Sussurra rivolgendo noi con aria esitante! Certamente, con tutto l'intervento di Ernesto il cane non ci permetterà di entrare nell'orto e la raccolta è quindi cosa difficilissima. Bisogna studiare un piano alternativo."*

Guarda, quindi l'orologio ed esclama: *"Quatrarì ie troppu tardu. Jamu a nne curcare, domane supr'a spiaggia de Coraca ripigliamo u discursu e circamu e risorbere u problema. Buona notte a tutti"* e si avvia su corso De Seta con alcuni di noi. Il resto del Gruppo resta alla Porta ancora un quarto d'ora dopo di che ci salutiamo avviandoci verso casa.

La mattina seguente, sulla spiaggia di Coraca contornando Zio Raffaele, che sta seduto con la sdraio sotto l'ombrellone, noi giovani discutiamo per tutta la mattinata e come intervenire per raccogliere i limbergioni senza pervenire, purtroppo ,a nessuna conclusione ragion per cui, anche perché con il gommone Pirelli è arrivato il Compare Francesco che chiede ed ottiene aiuto per il trasporto del canotto abbastanza pesante date la grossa dimensione.

Senza fare nomi e parole stabiliamo di vederci a tarda sera alla Porta e con un tuffo collettivo raggiungiamo il Vetrinario ed il gommone già in acqua.

La sera verso mezzanotte, siamo tutti al Cantone, si vagliano discutono varie proposte, ma non si trova la soluzione del problema. Verso mezzanotte e mezzo da Corso Umberto spunta Zio Geniale di Malta che si siede a sua volta ed ascolta in silenzio le

nostre dissertazioni e ci regala un grande ed accattivante sorriso
e soggiunge:

*"Quantu siti fissa! Si avissivu nu parmu e cerbiellu avissivu
già trovatu a soluzione ca ìe chiù facile de cumu pensati"*. Chiede quindi delucidazioni sulla distanza dell'albero dal muro della
strada. Non più di tre metri, mormorano Ernesto e Gianni Cicero
"Cchiù o menu tri metri, confermano Zio Guido e Francesco Cicero nel frattempo, sopraggiunti.

*"U guai ìe ca, oltretutto i limbergiuni su tanti e bielli pisanti.
Me sa ca un ce facimu nente. Mintimune l'anima mpace e pensamu ad'avutru"* . A questo punto l'intervento di zio Geniale è
tempestivo e perentorio:

*"Rafè! Dicia alli guagliuni de procurare na bella canna de na
sina e metri e longhizza e bella pisante, na casciotta grande de
landia de chille da cunserba di ristoranti ccu llu bordu superiu-
re tagliatu ed affilatu nonché nu paru de metri de fierru filatu
tennaru ca mi la vighiu io a ve fare cogliere i limbergiuni senza
jire intra l'uortu. Alla prigionia, ccu canne ammentate e longhe
cchiù de dece metri nui fricavamu alli Ngrisi e alli Cazzuni
Mercani frutta ed avutre rrobbe. Ccu la casciotta da cunserva
ccu bordi taglienti, agitandola e na certa manera ìe nnu ioca-
riellu, cogliere e limbergie a tri metri e distanza."*

La sera, con Zio Raffaele a presiedere e Francesco Cicero a
fare da segretario, c'è riunione di tutta la Banda alla Porta. La
proposta di Zio Geniale, viene approvata all'unanimità e poiché
è facile procurare gli ingredienti necessari, per la bisogna, si decide di passare all'azione che dovrà essere attuata al più presto a
tardissima notte.

Alle ore due del giorno prestabilito, quando tutti gli aiellesi
sono rientrati a casa e non c'è anima viva neanche nelle vinelle e
i bar sono chiusi, tutti noi banditi entriamo in azione ognuno
schierato al proprio posto di combattimento. Zio Geniale e Fran-

cesco Cicero, grandi esperti in materia grazie alle esperienze fatte in prigionia, dirigono il traffico, Ciccio Nitti, il più alto di statura di tutti noi è l'addetto alla manovra della canna d'assalto. Quando scocca l'ora dell'attacco, sono circa le due del mattino Aiello e gli aiellesi dormono saporitamente.

Il silenzio regna ovunque e la cagna del Compare Francesco è calma e giochicchia con Ernesto e Gigi nei pressi del cancello del giardino che dista una decina di metri dal parapetto teatro dell'assalto alla conquista dei grossi limbergioni.

Il Nitti, innestata la grossa latta della salsa alla punta della canna, inizia l'attacco guidato dagli ordini del Generale di Malta e del Maggiore Cicero. Porta l'attrezzo sotto un gruppo di limbergioni, lo solleva in modo che i frutti entrino dentro il collare, quindi da un'agitatina prima a destra, poi a sinistra con leggero spostamento della canna in senso rotatorio ed il successo è garantito.

Un buon gruppo di limbergie cadono dentro il recipiente che in pochi minuti viene riempito e fa flettere la canna. A flessione evidente il Generale a bassa voce ordina:

"Con calma; senza scosse repentine tira a canna allu muriettu" ca, cum'u lampu, Franciscu u sbacante e tu ccu carma ripigli a ricota successiva".

Il cane che di solito era intrattabile, nel frattempo si diverte a giocherellare con i ragazzi Cicero ignorando cio che sta succedendo a pochi metri da lui. Zio Raffaele ed altri, nel frattempo, dislocati nei punti chiave del paese, fanno da palo, pronti ad intervenire con una macchina se ci dovesse essere qualcosa di nocivo ed insolito.

L'operazione raccolta, con il Nitti che, diventa un esperto col passar del tempo, dura poco più di un'ora anche perché, date le dimensioni delle albicocche lo scarico della" casciotta" va fatto ogni sette od otto pezzi recuperati. Alle tre e mezza circa l'operazione è conclusa con la raccolta del novantacinque per cento dei frutti dell'albero. Ciccio Nitti, stanchissimo, tira a se sulla strada la canna, ne distacca la latta ,quindi, consegna l'attrezzo a Scipione Cicero Junior che provvede di corsa a trasportarla nel giardino di Santa Maria.

Il frutto della raccolta, due cassette ultra piene con la macchina di Zio Geniale, vengono trasportate a casa Cicero ed affidate alla custodia di Donna Ines che il giorno dopo provvederà a dividerle ed inviare alle famiglie dei componenti la Banda. Da buona cugina, addobberà con carta fiorata una piccola cistelluzza per la cugina Lisa Caferri alla quale provvederà il marito Francesco a farla recapitare.

Ad operazione conclusa la Banda esclusi i vecchi che si ritirano a casa, si porta alla "Casa del Fascio" a giocare per più di un'ora a "Gravulu Chiumbu".

Il giorno dopo alle ore nove, ignaro di quanto è avvenuto nella notte, preciso e puntuale, il Compare Francesco sale al Comune dove trovasi il suo ufficio e come sempre fa una capatina al dazio per salutare Zio Guido e chiacchierare, per pochi minuti, del più e del meno. Sale il gradino del "Cantone", apre la vetrata e saluta con la solita sua frase: "Salutiamo i lavoratori del braccio e della mente".

Zio Guido che di solito risponde con una stralunata degli occhi dietro gli occhiali, questa volta risponde "salutiamo vostra eccellenza illustrissimo" e scoppia a ridere.

Il Veterinario, esterrefatto per l'insolita eclatante risposta e la risata sconcertante che segue, guardandosi e toccandosi addosso, con flebile voce soggiunge: *"Ppecchi sta risposta e sta risata Guì! Tiegnu ancuna cosa ncuollu foripostu!"*

" No! No! Ridu ppe fatti mie" e giù una risata più lunga e rumorosa.

"Guì, tu un ma cunti giusta! Aggiunge alla prima domanda,

*Beatu a ttie ca tieni a forza e fissiare a prima matina. Si tenissi
e fare e tricientu ignizioni c'haiu e fare io alle undici alli cani
allu Pizzune, ti l'assicuru io ca un avissii a voglia e lla forza e
fissiare. Famminde jire! Famminde jre,famminde jre!"*

"Povariellu! Povariellu! *Risponde Zio Guidu. Ccu tutti i sordi
ca pigli stamatina, due mila lire a cane, cinque stipendi di mie,
a vulissi avire puru io sta ruvina tua*"! E giù a ridere di nuovo.

Alle ore nove e trenta, nel frattempo, Francesco Cicero, con
l'aiuto di Minichiello Palermo, suo socio nel negozio di elettro-
domestici, fa recapitare a casa di ogni componente della Banda
un abbondante cestino pieno di limbergie e a casa Caferri un
piccolo cistelluzzo con un paio di chili di frutta. Ai Giannuzzi,
Belmonte, Nitti, di Malta Minichiello dice che il cestino è un regalo del dottore Francesco Caferri, alla signora Lisa, moglie del
Veterinario che u" cistelluzzu" è un regalo del cugino Prof Cicero.

La signora Lisa, ignara di tutto, non solo, tramite Minichiello,
ringrazia il cugino Francesco per l'insolito regalo, ma sisteman-
dola, fa trovare al marito il cistelluzzo in camera da pranzo dicendogli al rientro. "Questo è un gradito regalo di tuo cugino
Francesco, ricordati che è tuo dovere ringraziarlo."

Il Veterinario, stanco e sporco per il lavoro stressante di vaccinazione dei cani svolto al Pizzone risponde con flebile voce:

*"Lisù! Dopu ca me signu lavatu e ristoratu provvidu a ringra-
ziare u cuginu. A pacienza, mo signu stancu e luordu. Scusame!
Scusame! Tiegnu bisuognu du bagnu"* e si chiude nella toiletta.
Espletati i lavori di pulizia fa una capatina in cucina dove trova
il caffè già pronto nella tazzina e zuccherato e bevendolo soggiunge:

*"Lisù, cumu mai Franciscu m'ha mandatu ste vermicocche!
Me puozzu sbagliare, ma secundu mie ìe statu Scipioune e no
Franciscu a mandare u cistelluzzu."*

"Po' essere"; sogginge Lisa. *"Francì! Guarda cumu su belle! Oie io mangiu sulu frutta"*.

Francesco, che nel frattempo ha ispezionato con la mente tutto il mondo delle limberge coltivate nel circondario di Aiello si rende conto che oltre lui nessuno possiede pianta di vermicocche cosi voluminose e conoscendo il cugino, grande fissiatore e buontempone incallito, poggia la tazzina vuota sul tavolo e corre alla finestra della stanza accanto che da sull'orto. Un attimo e si rende conto della realtà che non è quella rosea che pensa Lisa.

Esce dal portone di corsa e sporgendosi oltre la ringhiera delle scale che portano all'orto, incrocia la pianta della pregiata frutta spoglia senza una vermicocca. Per poco non sviene per il contraccolpo.

"Lisù" grida con voce tremebonda una volta rientrato in casa e seduto alla sua poltrona: *"E limbergie sunu e nostre, sta Banda de muli fricati e giuvani de bona famiglia capeggiati e cuginuma Franciscu m'hanu fricatu."*

Quindi si accascia sulla poltrona affaticato e sconcertato a tal punto che Lisa preoccupata comincia a domandarsi se sia il caso di chiamare o no il dottore. Dopo un quarto d'ora di profonda meditazione durante il quale i più strani pensieri attraversano la sua mente, si alza ed esce in giardino. Con passo veloce si porta presso la cuccia del cane che gli fa festa e lo costringe a rintanarsi nella casupola assalendolo con una serie di epiteti irripetibili.

Il povero cane accucciato, testa e coda tra le zampe, non sa che fare. *"Ciota! Giuda! Ciota! Vinduta! Juda traditure! Cchi t'hanu datu ppe te stare bona, bona dint'a cuccia e unpensare d'avvisare un tantu u sottoscrittu, ma supratuttu a Signora Lisaca, povarella, ca te dune a mangiare e se pigle cura e tie ogni juornu. Juda! Un ce puozzu pensare. Un c'è puozzu pensare. A gente, e notte ccu tie libara, trase dintra l'uortu, se coglie cchiù de trenta chili e vermicocche e tu li lassi fare! Bellu guardianu de cazzi ca sidi! Bellu guardianu de cazzi. un mi cce fare pensare ppecchi signu veramente nu ciuotu. Haiu avutu l'ardire de te stimare e considerare il fedele amico del padrone incorruttibile ed anche feroce".*

Il cane ascolta in silenzio le accuse accucciato e con gli occhi rivolti in terra. Quando Francesco, finalmente, termina le invettive e si calma, si alza, scodinzola e lancia un guaito come a dire: "io non c'ero, non mi sono venduta, non sono un Giuda".

A questo punto il mio compare intuisce che il cane non è stato presente alle manovre della raccolta ed era stato distratto, non certo allontanato non sapeva con quali ingredienti ed operazioni. A questo punto cresce la sua arrabbiatura pur tuttavia essendo un buon medico al momento del rientro in casa carezza amorevolmente l'incolpevole animale. Quindi rientra in casa, si siede in poltrona e rimugina sull'accaduto, caso veramente inspiegabile.

Pensa, sviscerando l'avvenimento per lui nefastissimo alla cosa inverosimile ma realtà accaduta e si scervella a considerare tutte le sfaccettature del caso.

"Cumu ìe potutu accadire ca un cane se facissi fricare senza reagire e mintere nfuga i cristani c'hanu cuotu e vermi cocche senza l'azzannare! Cumu ìe statu possibile si sulu io, sulu io e Lisane potimu avvicinare alla cuccia senza avire problemi! Sulu io e Lisa potimu avvicinare u cane. Ma cumu cagnu su potuti trasire intra l'uortu specie de notte quando u cane iedi libaru! Certu su sagliuti du muru da Ricella senza deca u cane l'azzannassi! A cosa curiusa però ìe llu fattuca un ce su ciampunate sutta l'arburu. Ma cumu cagnu hanu fattu. Ma cumu cagnu hanu fattu ! Vue o un vue Guidu, ca certamente ce trase all'ideazione du fattu, m'adde, armenu ppe nna questione de correttezza e d'amicizia, fare sapire a verità. Parola e Franciscu Cafierru, si Guidu un me cunte lla verità io e Lisa rumpimu

l'amicizia puru ccu Maria e Nina".

Si alza, prende alcune carte, esce e si dirige al comune e precisamente alla sua stanza. Dopo un a mezzora lascia il palazzo comunale e con" lento pede" guadagna il locale adibito a Dazio dove mette al corrente zio Guido del suo giuramento.

Termino qui il racconto specificando che per circa un anno il mio Compare non ha conosciuto la verità più volte anche richiesta a noi tutti. Dopo un anno, da zio Guido, che ha barattato la verità con altro piccolo favore, la" Cassazione" apprende i dettagli dell'operazione "Vermicocche" e non si sa se per convenienza o per magnanimità e convinzione, ostenta un grande sorriso.

Aiello 4 agosto 1961

A MBRISCULA
DONNU NTONI I QUATRARI.. E LLA MBRISCU-
LA

Siamo nell'estate del 1961 ai primi giorni del mese di Agosto.
Gli aiellesi abitanti a Cosenza città e provincia sono rientrati in
paese quasi tutti, mentre dei residenti all'estero o altrove in Italia, c'è un foltissimo gruppo.

La Banda dei giovani quasi al completo,si dà da fare sia sulla
spiaggia di Coreca che la sera in paese con lunghe partite a biliardo o a carte nei bar e,quando c'è la possibilità,.al gioco della " Pezza du Casu" .

Tralascio altre informazioni e vengo al racconto, precisando
che le sfide pomeridiane a Tressette e Briscola, sono qualcosa
di super specie se ci sono di mezzo alcuni personaggi. La più seguita di queste sfide, per i contenuti comici che contiene, è
quella che spesso si svolge   tra il Presidente di Cassazione Antonio Vocaturo, detto Donnu Ntoni, il Questore di Milano Ciccio
Solimena,detto Zio Cicciu e i due giovani cinquantenni Guido
Belmonte e Francesco Cicero che loro chiamano" i Quatrari". Il
primo è agente del Dazio ad Aiello, il secondo Insegnante a Cosenza,ambedue buontemponi di rinomata fama che una ne fanno
e cento ne pensano.

Donnu Ntoni e zio Ciccio sono le vittime serali del mese di
Agosto dei due nipoti, che ne combinano, durante le partite, di
tutti i colori col beneplacito degli zii che stanno al gioco, pur
conoscendo bene i loro polli. Ma veniamo al racconto tenendo
presente che i due anziani sono avanti negli anni e non possono
controllare tutto. Sono le ore diciotto del due Agosto,quando il
duo Vocaturo Solimena

,giunge all'altezza del Bar Nicastro e si accinge a mettere piede sul primo dei due gradini che immettono nel vasto "Vaglio"

esterno e quindi nel Bar. Non hanno ancora messo il piede sul secondo gradino che una doppia voce echeggia con la solita esclamazione. *"Jamu bielli! Jamu bielli! Nui simu ca de cinque e menza in attesa delle vostre eccellenze ppe lla solita sfida. Ppe pocu, continua zio Guidu un ninde simu juti, anche ppecchì, Franciscu ìe convintu ca vui va fifati e iocare ccu nnui."* "Que-stù!" Aggiunge ridendo il Cicero a verità *"ìe ca Guidu, grande mala lingua, sustene ca un ìe cagnu vuostru a iocare a Trissette e Mbriscula ppecchi siti dui ciucciuni".*

I due vecchi si guardano negli occhi, scendono il secondo gra-dino e si fermano più stupiti che adirati. *"*Cì, interviene con au-torità il Presidente Vocaturo, *"ìe giunta l'ura de dare na bona e definitiva lezione a sti due pescari ca vulissiru cacciare fore a capu du saccu."*

"Cì tu ta sienti! Si lucidu de capu! Io staiu ottimamente bene e signu prontu". Ntò, a velocità supersonica replica zio Ciccio, *staiu magnificu e, oltretuttu, me signu siccatu de ciotie de sti due muccusielli. Lassali ragliare ca ìe l'unica cosa ca puonu fare. Lassali ragliare, ma attenzione, ìe necessariu tenire l'uoc-chi apierti ca su due bricconcelli."* "Cì dici buonu, continua il *Presidente, necessite dare na bona lezione a sti dui Pullitri ed evitare ca ne mbrogliassiru ccu lle solite zimeche du Daziere."* *"Ci u sa cchi tte dicu io, oie, signu abbastanza lucidu de capu tu, graziaddiu puru, iamu allu tavulu tranquilli."*

Ciò detto il duo, scende il gradino, si porta al tavolo dei due sfidanti e insieme a loro attende l'arrivo di Attilio Nicastro con le carte da gioco. Passa qualche minuto e le carte sono già in mano di zio Ciccio che, iniziando a mescolarle, rivolgendosi al Presidente soggiunge. *"Ntò, ritornando a coppa e alla frase sconsiderata de sti due quatrarielli ca se cridanu patreterni, ppe quantu riguarde llu Ciciaru iocature de bigliardu, me cac-ciu u cappiellu."* *"Ntò, ccu lla stecca l'haiu vistu fare cose ca*

*un te dicu. Nu campiune!'Ie nnu campiune. Ma a trissette e
mbriscula ìe n'atra storia. Nui venimu da scola du Zu Titu Val-
le e de Don Luigi Vucaturu e, cridame, un ìe cosa loru cumpe-
tere ccu nnui."* "*Puonu vincere sulu si mbroglianu o si rapanu u
tafanariu*".

A questo punto con voce spazientita interviene zio Guido che
rivolto al Questore dice ad alta voce.

"*Don Cì mbece e fare tante cecale finiscia e mbiscare e carte
ca facimu a manu e si nescie a ttie, tu ripietu, nente mbroglie.*"

La risposta è immediata e perentoria: "*Guidù, tu e Franciscu,
siti due faccituosti! Senta!Senta! Ntò, Fra Vituperiu ca parre de
castità. Già prima de cominciare a jocare circanu de ne mbro-
gliare. Siti daveru dui faccituosti ciucci, pullitri ca, oltretutto,
un canuscianu nemmenu e regole fondamentali dettate de Chi-
tarrella*".

"*A iniziu partita e carte e mbische pped'urtimu, u cchiù anzia-
nu di quattru jocaturi ca fa azare chillu ca u precede e dune
dece carte a testa. Inizie a iocare chillu ca tene intra e carte u
quattru de dinari. Ntò si prontu! Tè e carte! Mbischa, fa azare e
duna a cinque a cinque*". Donnu Ntoni riceve le carte, le me-
scola, le fa tagliare da Zio Guido che lo precede e alla presenza
di un folto gruppo di fans schierati a circolo intorno al tavolo
consegna ad ogni giocatore dieci carte dicendo : "*Io che llu
quattru e dinari*". Prima di sistemare in mano le sue carte, si rivolge con voce paterna al compagno e sussurra:"

"*Cì! Te raccomandu concentrate. Pensa alla partita senza te
distrarre e ricordate ca i buon gioco se dichiarano allu primu
raggiu*". Non ha finito di profferire l'avvertimento che zio Guido, buttando sul tavolo il quattro di denari dice: "Gioco io".

Quindi raccoglie il quattro, prende dal suo ventaglio il cavallo
di spada e comunica a Francesco che la carta cerca il tre di spada. I tre giocatori rispondono al palo con presa di re da parte di

Zio Ciccio. "Ntò si u tieni duname l'assu e coppa supra stu due ca signu lisciu a ttie". Detto e fatto. Zio Guido suo malgrado deve depositare sul due l'asso di coppe e non si contiene lasciandosi scappare una brutta parola: *"Culuti! Sulu ccussi potiti vincere! Culuti! Atru ca prufessuri."*

Zio Ciccio ignora la lamentela e la provocazione e, guardando il Belmonte con commiserazione, mantiene mano per altre quattro battute prima di giocare la carta di spada per il Presidente Vocaturo. Questo, piglia col tre e acquisisce altre due battute con la donna ed il sette di spada prima di cedere ai quatrari le ultime tre mano che fruttano solo tre punti. Alla seconda data i giovani racimolano due punti contro undici ed alla terza tornata appena due punti, perdendo il primo round.

Mentre Francesco Cicero mischia le carte Zio Ciccio, riunendo le due mani e ruotandole dall'alto in basso con voce tremula e un po sfottente dice a zio Guido: *"Nipù! Un ìe cosa vostra iocare ccu nnui, specie a trissette! Siti troppu scarsi. Ve cumbene jre ndo Attiliu a pagare". All'insinuazione sfottente del Questore, il Cicero con la solita grande faccia tosta risponde con la solita parola "culuti! Sulu e cumu sempre culuti!". L'antichi romani hanu sentenziatu nu biellu dittu: "Contro culum non potest navigare." Guì mbisca e carte e duna e circa de imitare sti dui campiuni sinno ne tocche a pagare l'aperitivu e chillu ca cchiù me dispiace, ascortare e cecale e lli sfuttò de sti due nannuzzi ppe cchiù de na simana"* .

Detto e fatto. Tre carte a ciascuno e la briscola a coppa. Al primo raggio zio Guido porta a casa 15 punti, avendo come ultimo preso i quattro punti del piatto con l'asso di denari. Nella presa della carta del mazzo Francesco trova l'asso di coppa e zio Guido il tre ed il primo raggio non ha più storia perché termina ottantotto a trentadue.

Il secondo raggio non ha storia, cinquanta per i quatrari, settanta per i vecchi. Parità. Bisognerebbe fare la bella, ma essendo ancora presto ed essendo numerosi gli spettatori che fanno un tifo infernale per ambedue le squadre, si decide di rigiocare le due partite con eventuale bella in caso di nuova parità.Prima di iniziare il secondo round i contendenti vengono attirati dal vociare dei fans che circondano il tavolo e numerosi sono schierati sopra il muretto del corso che sovrasta il vagli del bar. variopinti come parole e contenuto. I vari commenti sono recepiti dai concorrenti che partecipano con il ritardo dell'inizio del nuovo round, rispondendo con un sorriso a quanti danno consigli e suggeriscono soluzioni.

Dopo qualche minuto di riposo e tolleranza è Zio Guido che rompe il silenzio che dopo aver invitato il Presidente a mischiare le carte, fa alzare Francesco Cicero e dare le dieci carte a testa ai .Quindi rivolto agli spettatori esclama sorridendo: " *Il pubblico è pregato di partecipare in silenzio e commentare a bassa voce. Se preghe lla Cassazione de se dare na regulata e un accucchiare e ciotie ca haiu ntisu durante u raund precedente,pecchì ne fa distrarre e quindi perdere a partita". Ntò mbisca, fa azare e duna a cinque a cinque e tu e Cicciu, circati de un rapere u tafanariu cumu prima. Iamu biellu! Iamu biellu ca u fierru ìe russu ed'add'ere lavuratu"*.

Il Vocaturo prende le carte, le mischia con cura quindi inizia la singola distribuzione dicendo. *"Cì stu fattu de iocare n'atre due partite un me quatrizze. Rapimu l'uocchi ca gatta ce cuve. Ppe llu mestiere c'ha fattu e suprattuttu a nna metropoli cumu Milanu, controllare sti dui galluzzi avisssidd'essere na cosa facile. Rapa l'uocchi cchiù de mia ca puozzu m'appricare ma non troppu."*

Detto questo fa alzare il mazzo e da le dieci carte a testa. La prima parte della partita si svolge senza storie e giocate rilevanti se non gli scrosci di applausi del pubblico alle battute colorite dei contendenti   che una ne dicono e cento ne pensano. Si giunge cosi all'ultima data di carte con il punteggio di venticinque a ventisei per i vecchi con obbligo di dare le carte da parte dei quatrari e chiusura della contesa a trent'uno punti. Poiché è il suo turno di data delle carte, Zio Guido con calma inizia a mescolare e sorridendo incrocia lo sguardo dei due vecchi che rispondono con il movimento delle mani che di solito si fa quando si vuole sollecitare una persona.

Vedendo la mossa dei due il Cicero, rivolgendosi al compagno dice: *"Gui un te fare impressionare de sti due ziarielli e mbisca buonu e carte ca a quantu pare u tafanario a sta partita s'ìe fermatu allu Carbariu!"*

La battuta viene accolta con uno scroscio di applausi da parte del pubblico e con un "terque e quaterque" da parte dei vecchi. Fatte tre o quattro incartate, il Belmonte, fa alzare e da a compagno ad ogni giocatore le dieci carte dicendo, rivolto a zio Ciccio: *"A voi signor Questore! Io iuocu pped'urtimu e finu a quando un tocche a mmie un vijie e carte. Francì, toccate ca si, ppe chine sa quale miraculu avissimu de vinere u trissette,alla mbriscula u sa quantu i vidimu!"*

"Calma, calma, grida zio Ciccio battendo quale segno di buon gioco. Tre assi meno quello di denari e gioca il due di coppe con il quale chiede il tre.

"Eccolo,dice ad alta voce il Cicero e risponde al palo aggiungendo a voi Presidè! Cì tiegnu sulu u rre e ci l 'haiu e mintere sempre sperandu ca Guidu un avissi nente e, cridame, si ccussi fussi sie punti ppe vincere unu fare!"

Nuovo scroscio di applausi da parte del pubblico con ringraziamento dei contendenti. A questo punto zio Guido prende dal tavolo le sue carte, *le sistema a ventaglio quindi butta il tutto sul tavolo dicendo: "Sta vota v'ìe iuta male! Jamu alla mbriscula. Na napulitana a djnari. Jamu bielli. Jamu alla mbriscula ca iè tardo e n'avimu e ricogliere".*

I due vecchi e Francesco Cicero sono rimasti di stucco ma, i primi due reagiscono in "malo modo" quando zio Guido ridendo soggiunge: *"Cì, ve cumbene de jire a pagare senza iocare, tantu u   sapiti ca a mbriscula un ìe cosa vostra da vincere".*

*".Guì,replica convoce calda e familiare,facimu a manu ,mbisca e carte senza fare e solite mbisculanze cervellotiche e duna e carte ca ìe tardu e n'avimu e ricogliere ppe cenare. Io ppe mestiere haiu fattu u Qesture a Milanu e te tiegnu sutta controllu e un t'ìe permess de usare certi àcarta sinnò,stasira, jati ndo Attiliu ccu sordi alla manu.Famme azare e duna ca ncignamu a partita.*Zio Guido,ridendo, ascolta la romanzina ma riesce a fare le solite manomissioni.sempre effettuate quando si sono scontrati con i due vecchi. Ha sistemato durante l'incartamento in fondo al mazzo i due carichi più una terza carta dello stesso palo e a tagliata avvenuta non ha ripristinato un unico corpo bensì due. Fatta la data delle carte,ai primi tre giocatori ha consegnato le carte della parte superiore del primo mazzetto,a se stesso e come palo direttore ha dato le carte che-aveva sistemato nella parte finale del mazzetto,tutte quattro dello stesso palo con le due maggiori briscole.Naturalmente l'operazione si svolge senza che nessuno si accorga di niente.Finita la data delle carte il Questore inizia il gioco deponendo sul tvolo la donna di coppe soggiungendo:*"Ntò,minta sulu punti ca vidimu cchi succede ppecchì io na piccirilla a tiegnu e lla manu ma guardu.* Zio Guido fa finta di pensare e con il movimento degli occhi ordina un carico. Franceso Cicero,diventa pensieroso e rivolto a zio Guido con una vocina leggera ,leggera butta a terra un carico e grida:*"Guì,me dispiace,ma signu forzatu.Guì.un puozzu fare diversamente!A scanzu d'equivoci signu abbastanza tranquillu ca si u vecchiottu ce minte lla pitirilla io tiegnu u sie e mbriscula e un ce su problemi.* Come previsto, zio Ciccio cerca di accapar-

rarsi il carico giocando il due di briscola e zio Guido raccoglie il gruzzoletto usando il sei e ad alta voce grida:"signor Questore! Donna,più carico fa tredici punti per il momento."Quindi velocemente,preleva insieme agli altri la carta del mazzo del tavolo e gioca il quattro di spada. Il Solimena supera con il cavallo di spada e per tre giri non succede niente. Al quarto turno di gioco il Questore, presa la carta dal mazzo del piatto,rivolgendosi al Vocaturo esclama:"debbo fare una brutta giocata caro don Ciccio!debbo mettere sul tavolo l'asso di spade o quello di bastoni ed esegue l'operazione senza profferir parola.Zio Guido con grande faccia tosta dice al compagno :"*io ce mintissi n'atru carricu e mostrando il tre di denari in suo possesso,si tenanu l'assu le va bona alli viecchi,in caso contrario è difficile per noi perdere la partita, Francì,minta l'atru carricu c'arrizzicamu e jamu a quarantasie punti ca su tanti.*

Eseguita l'operazione grazie a l'asso di denari in possesso e al cavallo pescato in seguito,chiudono il primo raggio della partita a quota ottantadue punti ed iniziano la seconda parte della briscola con buone ma non certe possibilità di vittoria.

Pochi minuti di riposo,una buona mischiata di carte ed il Questore consegna ai giocatori tre carte ciascuno con briscola a denari. Con una scartina a denari Francesco Cicero inizia la giocata gridando ad alta voce "chiumbu a coppa".La Cassazione con aria di commiserazione richiama il "quatraro" dicendo *Guidù, stamu iocandu a mbriscula no a tri sette.Risbigliate,risbiglate sinnò me sa ca ve tocche de pagare stasira e fa la raccolta non appena zio Guido scarta la carta di giocata.* Un attimo di silenzio, quindi, gioca una briscoletta e chiede solo punti al compagno aggiungendo *staiu buonu.chiamate e piglia la carta dal mazzo segnando con l'occhio il possesso dell'asso di denari.*- Francesco Cicero che ha visto il segno del possesso dell'asso di denari e capito dalle parole precedenti che il compagno non ha briscole in mano lo rassicura segnalando il possesso del tre di danari. Per un paio di giri non succede niente,i due vecchi tengono la mano ricavando sei punti. Al quarto giro il Solimena,rivolto al Vocaturo dice Nto,debbo giocare re di bastoni o un carico! Cchi fazzu! Joca u re tranquuillu,ca io tiegnu a donna ca ìe nna potenza ppecchi Guidu spachiie e a Franciscu un l'haiu vistu fare nessunu signu,ca certu un succede nente.Il Solimena gioca ire di bastone e zio Guido ordina a Franceso:"piglia ccu llu tri ca tiegnu l'assu e spada e l'assu u tene Cicciu Solimena.No ppecchì l'ha zinnatu, ma ppecchì l'haiu vistu iosmicciandu.Piglia ca su vinticinque punti ca junti allu carricu ca n'avimu fattu fanu benedica trentasie gliombari. Zio Ciccio gioca il re ,zio Guido mette il tre denari e, suo malgrado la Cassazione deve scartare il cavallo di spada. ed i Quatrri racimolano ben trenta punti.Francesco Cicero, senza perdere tempo piglia la carta dal mazzo il tre di bastone e gioca il sette di spada e i vecchi con il tre di spada e cinque punti raccolgono un bel gruzzoletto.Il Solimena piglia la carta dal mazzo, una briscola e dopo averla segnalata fa segno al Cicero che può procedere.Francesco pigliando la carta dal mazzo,chiede a zio Guido se possiede briscole e quello con gran faccia tosta sussurra " *chiumbu a coppa!Un ìe possibile .Francesco recepisce la risposta ed al Solimena che sta per giocare dice:"ioca u carricu si tieni u curaggiu.Ioca u carricu ca vincimu sicuru a partita.Guidu tene llu re de dinari e llu cavallu du Presidente un fa iucuUn cuntare zimeche guagliù relica il Solimena,ppe un sapire de leiere e de scrivere me iuocu a donna e coppa can un fa numaru vussuria,rivolto al Cicero cchi ffa!"Rispundu allu palu e getta sul tavolola donna di mazza.* I due vecchi si guardano e decidono di andare liscio.A zio Guido che ha seguito la giocata con ansia non sembra vero quanto avvenuto,con in mano un pimpante cavallo di coppe raccoglie uun insperato gruzzolo di ben sette punti.I Vecchi frastornati hanno un momento di sbandamento che sarebbe un nulla se non rappresentasse il momento in cui con una velocità supersonica il Cicero non facesse finire nel suo mazzo dicarte raccolte il tre di bastone e nelle sue carte una scartina

L'operazione non sfugge a zio Guido che opera,in modo da distrarre gli avversari..Restano due prese dal mazzo e la partita è ancora in trasmissione. Zio Guido piglia la sua carta dal mazzo altrettanto fanno il Cicero ed il Solimena. Non succede niente di speciale se non che l'apparizione di un sorriso beffardo che illumina la faccia del Questore e quindi quella del Vocaturo.La coppia ha pigliato dal mazzo il re di denari. Zio Guido gioca una scartina a spada ed il Solimena,poggiando le sue carte sul tavolo dice:"*Cì,facimu fermata e ragiunamu.Io sto benissimo e naturamente miegliu e tie,ma prima e iocare,facimu nu pocu e cunti e ricordamune di carrica ca su nesciuti ppeccì un n'ìe permissu fare fissarie.*"*Faccimu u cuntu,assu e tri de dinari su esciuti, assu e spada,c'ìe. assu e mazza ìe nesciutu,assu e coppa ìe nesciutu,tri coppa* sogginge il Vocaturo *un mu ricuordu, tri mazza Nto, un mu ricuordu e inizia a far conti con la mano.* A questo punto c'è l'intervento perentorio di zio Guido che piglia le carte della loro coppia che deteneva Francesco Cicero,scata il tre di bastone lo fa vedere al Questore e soggiunge "*Un te scervellare ca l'avimu nui me, intra u mazzu nuostru ca ìedi esciuto alli primi raggi.Siti daveru dui rimbambiti. Iedi ura de finire a partita,*"Si riprende a giocare senza che i due vecchi avessero potuto replicare.Avendo cinque briscole i due Quatrari non toccano più palla ed alla conta il risultato del secondo raund della partita termina con la vittoria indiscutibile dei Quatrari

Ad Aiello non si è mai saputo se i due Senatori si siano mai resi conto di tutte le malefatte serotine dei nipoti, ma credo di si perché ogni volta,a fine partita al Questore scappava la frase "*Cì chissa iè !Ccu dui Mungipielli cumu Guidu e Franciscu ccu lle bone o ccu lle male ne tocche a perdere e fare a figura di fissa e stare citu."*

NE VIDIMU A FILIPPU
CICCIU SETTUZZU U CUMPARI E LLA TILLE-SIUM

Aiello 15 Maggio 1975   la Tillesium, squadra di calcio del Paese, spadroneggia nel campionato regionale di seconda categoria. Oggi, seconda Domenica del mese, al campo sportivo "Macchia", si disputa l'incontro scontro tra la prima in classifica, la Tillesium e la terza in classifica.

La partita, bellissima nel primo tempo con la squadra di casa che domina in campo, viene rovinata, nel secondo tempo, dagli errori madornali di un giovane arbitro della sezione C.A.N. di Cosenza che ne combina di tutti i colori. Ammonisce sette giocatori della capolista per falli di piccolo cabotaggio e, quel che è più grave, annulla due reti del nostro centravanti per fuori giochi inesistenti. A metà del secondo tempo concede contro la Tillesium un rigore per un fallo avvenuto fuori area, permettendo così, alla terza classificata, di pareggiare l'incontro. Dal trentaduesimo alla fine della partita i Tillesini non possono oltrepassare con la palla la linea di metà campo. perché la giacchetta nera non lo permette. Se non c'è il fallo dei centrocampisti aiellesi, viene sanzionato il fuorigioco degli attaccanti.

Il pubblico, che ha avuto assegnato per due anni di seguito il Premio Disciplina dalla Federazione Regionale di Catanzaro, fino all'annullamento del secondo goal della Tillesium, avvenuto in circostanze tragiocomiche, si è limitato a rumoreggiare con qualche fischio. Ad annullamento avvenuto, diventa minaccioso anche se per il momento si limita ad inveire con parolacce e frasi irripetibili nei riguardi dell'arbitro.

Quando il Direttore di gara, certamente vittima dell'inesperienza e dell'acredine generata dagli epiteti irriguardosi gridati ad alta voce contro di lui, con il coinvolgimento di mamma, sorelle e defunti, annulla, per la seconda volta, un goal tillesino, succede il pandemonio.

Sassi, bottiglie di birra vuote, pezzi di legna da ardere volano in campo. A stento io, che sono addetto della società alla sicurezza dell'arbitro, il Maresciallo Di Ronza, l'appuntato Michele Iantorno, Pietro Pucci, il Presidente Caferri con a fianco l'inseparabile Ciccio Nitti, il vigile Filippo Muti, riusciamo a evitare l'invasione di campo e calmare i tifosi più eccitati.

Settuzzu Russo dall'altra parte della rete, unitamente a Ciccio Russo ed il Dottore Peppe Cupelli, gridano a me e Filippo: *"Jativinde! A tarantella e cauci nui a facissimu a vvui due. Chi mme significhi ssu fattu ca un ne faciti arrivare all'arbitru. U volimu sulu accarizzare e lle dire na mbasciatella intr'a ricchia! Bell'amicu e nipute ca tiegnu! Aggiunge mestamente Settuzzo un ve vrigognati tutti dui!, quindi rivolto a me col dito in segno di minaccia mi grida: "ccu ttie ne vidimu a Filippu! Ca, ca, vue o un vue, ne vidimu a Filippu!"*

A questo punto, Peppe Cupelli, interviene con veemenza ed a me   e Filippo grida: *"Ad Aiellu na vidimu ccu tutti due e puru ccu llu Veterinariu, diciticcillu c'ha dittu buonu Settuzzu. Ne vidimu a Filippu. Ne vidimu a Filippu ccu tutti vui."*

Quindi, salendo sul terrapieno che fa da da tribuna e curva nello stesso tempo, agitandosi e saltando come un canguro, grida a perdifiato: *"Arbitru curnutu! Figliu de Puta! Vendutu! Vindutu! Settù, finita a partita, n'avimu de mintere avanti u canciellu ad aspettare stu curnutu. U sta vidiendu ca, appena i nuostri oltrepassano u centru du campu, dune jatu allu fischiettu ca me pare nna vrogna. Vindutu! Vindutu! Marascià! Marascià! Me potiti arrestare, ma, ccu Settuzzu, un ci lo facimu arrivare stu muccusiellu a Cusenza. U Veterinariu, m'adde fare u piacire, cumu dice sempre illu, ma sta vota u sagnamu l'arbitru".*

"Diciti buonu, interviene una voce che non è quella di Settuz-

Avendo sugli spalti una situazione cosi concitata ed un arbitro talmente fuori fase e terrorizzato a tal punto che staziona a pochi metri dai carabinieri e da lì dirige gli ultimi minuti della partita, siamo sconcertati. Oltretutto guardandolo bene negli occhi, ci accorgiamo che l'arbitro, non è più padrone delle sue azioni e gira intorno a noi come un automa. Il Maresciallo, che come me si rende conto della situazione pericolosa che si è venuta a determinare, con la radio portatile, chiama il Brigadiere rimasto in caserma e lo invita a scendere alla" Macchia" il più celermente possibile. Questo perché il lancio di oggetti in campo non tende a diminuire e il direttore di gara è un automa condizionato dalla paura che non lascia giocare oltre il centro del campo e vuole, per evitare incidenti, mantenere le squadre sul pareggio.

Pochi minuti e la camionetta dei carabinieri si presenta al cancello della "Macchia" dove si è già portato il Maresciallo che stringe la mano al suo vice e agli altri due carabinieri che sono con lui ed impartisce gli ordini necessari ad evitare eventuali disordini. A Filippo, anche se fuori servizio, viene chiesto il favore di affiancare l'appuntato Iantorno ed i due carabinieri e con loro recarsi in mezzo al pubblico per cercare di calmare i tifosi più agitati che mai si sono comportati così in passato.

A Filippo non resta che uscire dal campo ed avviarsi verso il terrapieno tribuna, dove l'agitazione è stazionaria e non tende a diminuire. *"Filì, gli mormora a bassa voce, ti raccomando i tre ai quali, a nome mio, chiedi di calmarsi perché mancano cinque minuti ed anche un pareggio si può accettare. Riferisci loro che io, nella veste di Comandante della Stazione Carabinieri di Aiello, farò il mio rapporto di ordine pubblico a Paola dettagliatamente. Le conclusioni che allegherò faranno in modo che alla Macchia, in futuro, vengano mandati arbitri all'altezza e non ragazzini che rischiano di compromettere l'ordine pubblico".*

Nel pronunciare queste parole il Maresciallo non si rende conto che Settuzzo staziona a pochi metri e segue e sente tutto. *"Marascià" gli grida ad alta voce, una volta udito il discorso, ve stimu tantu ma ve priegu, un vicce mintiti puru vui. Ve pare ca n'avianu de affibbiare n'arbitraggiu cumu chissà! Minde vaju ndo Cicciu a e llu dutturema, ve ripietu: ne vidimu a Filippu."*

Dette queste parole a passo svelto si avvia verso il terrapieno tribuna, raggiunge il dottore e suo fratello Ciccio, parlotta con loro e poi, rivolto a Filippo che in compagnia dei tre carabinieri hanno raggiunto il gruppetto gli grida: *"A ttie e chill'atru grande amicu mio, Giuliettu, ad'Aiellu va dugnu io a risposta. Un haiu capitu ppecchì un n'aviti de fare dire due parolicchie all'arbitru. Ce volissi minare dui nucipappuli, giacchì un ìe possibile, Filì, fammicce dire due parolicchie, sulu due e, dopu, ccu ll dutture te prumintimu ca stamu buoni".*

Così dicendo si siede su un sasso ed attende la risposta. Il dialogo consente a Filippo di guadagnare tempo e probabilmente di calmare le acque perché il pubblico, con l'arrivo dei carabinieri, ha smesso di contestare e curioseggia e non si accorge dei tre fischi finali dell'arbitro che dichiarano finita la contesa. La contestazione sarebbe probabilmente finita a questo punto se non fossero arrivati da Filippo ed i tre il Veterinario e il Segretario. Conoscendo il Presidente, Ciccio fa tutto il possibile per non farlo incontrare e parlare con il gruppo contestante. Una volta pervenuto nelle adiacenze del terrapieno tribuna, non conoscendo il contenuto del della discussione tra Filippo e gli altri il Presidente si ferma e si avvicina alla rete di cinta.

A velocità supersonica vedendo Settuzzo seduto e Ciccio ed il Dottore agitarsi grida: *"Dutture Pè, un me meravigliu e Cicciu e de Settuzzu, ma de tie, ca cumu Miedicu Condottu, avissi e dare l'esempiu. Te pare biellu ca divienti u capu di casinari, gridi, te agiti ppecchì nu muccusiellu d'arbitru, ppe giunta alle prime armi, fa nefandezze e tu, ccu chissi dui, t'arruoghi u dirittu du minare e distruggere a squatra de pallune. Pè, ccu tuttu u bene ca te vuogliu, finu a quando u Presidente signu io, sta ciotia un ta fazzu fare. Mbece e ringraziare Gesù cristu ca n'ie juta bona, ppecchì ciuotu, spruvvedutu e terrorizzatu cum'ìe stu, vruocculu, ne potie puru fare perdere a partita"*

Non avesse mai detto queste parole, succede il finimondo con epiteti irripetibili pronunciati da tutti i presenti. Ciccio Nitti, l'Appuntato e Filippo riescono a stento a sedare la rissa con il Presidente costretto a battere in ritirata sottobraccio a Ciccio Nitti ed a Pietro Pucci che nel frattempo è sopraggiunto. Settuzzo, una volta allontanatosi il Veterinario gli grida: *"puru ccu ttie ne vidimu a Filippu"*, quindi rivolto al pubblico ed al dottore esclama: *"Cchi vue sta cornacchia"*. *"Duttù, io e Cicciu, ne jamu a mintere arriedi a rete de ndo se vide llu spogliatoiu de l'arbitru ed aspettamu ca escissi, si vui un voliti stare ccu nnui, pigliati a machina e jativinde".*

Quindi rivolto a Ciccio Nitti che ha accompagnato negli spogliatoi il Presidente ed è tornato per aiutarci a calmare gli animi: *"Va ndo llu Veterinariu, grida, e diciace ca stasira u termosifone de l'acqua cavuda Cicciu un lu fa funzionare. Ce pensassid'illu."*

Dette queste parole il dottore rivolto a Settuzzu lo fredda dicendo: *"Nvita mia un me signu mai spagnatu de nente, figurati si me puozzu preoccupare de ciotie e Franciscu Cafierru. Settù propiu ppe chillu c'ha dittu u Presidente stasira avimu de paliare buonu a Curnacchia e Cusenza. Viva a Tillesium".* Quindi prega un ragazzo, che abita vicino allo stadio, di andargli a procurare una sedia e con i due amici si dirige verso il cancello di uscita, dove ci sono i carabinieri di guardia. Ciccio, altri spettatori e Settuzzo si incamminano dietro il dottore e "Settechiriche" che serio, serio, muovendo le mani per l'agitazione brontola: *"U Veterinariu tene ragiune ppecchi se spagne da multa da federazione, ma me meravigliu de Giuliettu, de Cicciu Nitti e principalmente du prufessure Pucci! Belli amici de cagnu ca sunu! Duttu e si siede su un grosso masso vicino a Peppe Cupelli. Duttu io de cca, si un cufullu dui nucipappuli all'arbitru, un me muovu! Signu troppu ncazzatu."* Settù, risponde l'altro *tieni ragiune. si un ne fanu minare chillu stravagante io, tu e Cicciu un ne movimu e cca. Ccussi damu a risposta allu Vetrinariu ca n'ha chiamatu terroristi. Si un ne fanu minare l'arbitru, se puonu armare u liettu intru u spogliatoiu. Nui de cca un ne movimu e siccome un damu fastidiu a nessunu, un ne puonu arrestare. Un te scordare ca tuttu Aiellu sa ca Cicciu ìe malatu cronicu de core. Si necessariu sfruttamu a malatia pue ve dicu cumu. Mo tutti due assettative e riposamune aspettando e decisioni ca piglianu l'additti. Cì assettative ed aspettamu ca mo mandu a pigliare birre e vinu allu bar da Macchia".*

Trascorre un'ora e mezza dalla fine della partita e la situazione staziona. Il terzetto con vino, birra e taralli bivacca sul terrapieno destro a fianco del cancello principale presidiato dal carabiniere, dall'appuntato Iantorno.

I Dirigenti della Tillesium ed il Maresciallo stanno nel salone spogliatoio seduti intorno a un tavolo abbastanza preoccupati perché il tempo passa e la soluzione non si manifesta. Oltretutto ci scervelliamo sul da farsi per consentire all'arbitro, sempre inebetito e terrorizzato, di raggiungere Cosenza a bordo della camionetta dell'Arma. Dopo ampia e varia rassegna delle cose da farsi per risolvere la situazione, allo scoccare della seconda ora di forzata prigionia della giacchetta nera, con il nostro presidente che è terrorizzato e preoccupato per le conseguenze federali, si decide che Ciccio Nitti e Pietro Pucci, unici fuori contestazione, vadano a parlare e trattare con i tre.

Quando la coppia si presenta al cancello è accolta bene, anzi benissimo. Settuzzo rivolto al fratello mormora con voce accattivante: *"Cì inchia dui bicchieri e birra e offrali allu prufessure e allu dutture Nitti"*. "Cì, soggiunge, Peppe Cupelli, *sbrigate ca dopu sentimu quali nove ne portanu e pue, pecchi su due brave persune e grandi tifusi, diversi de l'avutri arrassusia"*. Bevuta la birra, Pietro cerca di aprir bocca, ma il medico lo ferma e gli dice con voce perentoria:

"Prufessù, si si venutu ccà ppe nne convicere a ninde ire te sbagli. Ccu tutt'u rispiettu ca nui avimu ppe vvui e llu Marasciallu, n'aviti de consentire e dire due parolicchie a chilla cornacchia chiusa intra u spogliatoiu. Parola e tutti tri nui, v'assicuramu ca un le facimu nente. Sulu na parolicchia intr'a ricchia" e tracanna un bel voluminoso bicchiere di vino rosso.

Si discute per oltre mezz'ora, ma i tre non demordono, anche perché, da qualche minuto, da Aiello sono arrivati una diecina di tifosi che ascoltano, battono le mani ed incoraggiano i tre a tener duro. Alla coppia non resta che rientrare con grande disappunto del presidente che ci ossessiona, ripetendo sempre lo stesso ritornello: *"Cchi guai. Simu ruvinati. Si l'arbitru fa llu refertu contrariu, cientu mila lire e multa un ne cacce nessunu. Simu ruvinati, Cicciu Nì, perdimu u primu postu da coppa disciplina, cinquecientumila ca corrisponde a nnu quartu du bilanciu da Tillesium. Cchi guaiu Cicciu Nì, simu ruvinati. Un serbanu a nente tutti i salti mortali c'avimu fattu. Ppe nna ciotia cumu chista ne, iocamu, nun sulu a faccia, ma suprattuttu na grossa summa e dinari. Io a tiegnu sulu ccu Peppe Cupiellu c'avisside capire ste cose"* e si alza e fa per avviarsi verso la porta per andare dai tre.

Con grande difficoltà riusciamo a convincerlo a non attuare il proposito e prevedendo ancora tempi lunghi, per la soluzione, decidiamo di fare entrare l'arbitro nello stanzone, anche per tranquillizzarlo.

Il ragazzo, che per la lunga segregazione, forse si rende conto di quello che ha combinato, una volta seduto, si rilassa e si calma, vedendo oltretutto, il Consiglio Direttivo della società al completo e l'arma dei carabinieri impegnati a difendere la sua incolumità. Si siede, sorride ed allarga lemani dicendo:

"Grazie. Bisogna avere pazienza. Non pensavo che il primo arbitraggio avesse quest'epilogo. Pazienza. Pazienza, ne prendo atto". Trascorre un quarto d'ora e la situazione non migliora anzi, i tre salgono sul terrapieno a fianco del cancello ed anche in preda a Bacco, cominciano a ballare cantando la vecchia canzone della Tillesium le cui parole sono state scritte dal nonno di Ciccio Nitti nel 1937-1938. "Forza Tillesium, la palla fate viaggiar" ecc, ecc.

Si giunge con questa atmosfera alle diciannove e la situazione non tende a risolversi. Fra non molto scenderanno le prime ombre della sera ed il Maresciallo teme che la situazione possa precipitare, ragion per cui ordina all'Appuntato Iantorno di far entrare la Campagnola e di disporsi, con i due carabinieri a forzare il passaggio. ll militare esegue l'ordine, fa entrare la campagnola e rinchiudere immediatamente il cancello, ma non può impedire ai tre di bloccare la macchina all'uscita sedendosi a terra. A questo punto il Comandante Di Ronza, scende dalla macchina, si porta avanti al cancello e minaccia i tre di procedere con l'arresto. Peppe Cupello con calma si alza, ordina a Settuzzo di restare seduto e grida a Ciccio Russo:

"Cì, si u Marasciallu te minte lle manette u sa chillu c'àde fare. Tutti cca sanu ca si malatu e core e si te sienti male ìe pericolusu te toccare e movere. Cì ha capitu!"

Non finisce la frase che Ciccio è in piena sceneggiata, steso per lungo davanti al cancello, con le mani sul petto ed un flebile lamento che esce dalla bocca. Con mossa repentina il Dottore si porta vicino al sofferente, gli controlla il polso, ascolta i battiti con lo strumento e ordina a Settuzzu: *"Te e gli da le chiavi della macchina, te va piglia a borsa medica ca Cicciu sta male"*. Quindi, rivolto a Michele Iantorno, che si è avvicinato al sofferente, gli dice: *"Ciccio ha bisogno di cure. Rimuoverlo in questo momento, potrebbe costar caro. Tutti i presenti sanno che è vittima di attacchi come questo. E' pericoloso rimuoverlo in queste condizioni. Chi lo fa si assume una grossa responsabilità"*.

A questo punto a me accompagnatore responsabile dell'arbitro e al Maresciallo, che si rende conto del tiro mancino perpetratoci dai tre, non resta che ritornare con la campagnola indietro, mettere al corrente il presidente e gli altri dell'accaduto e stabilire il da farsi. Una volta entrati nello spogliatoio, riferiamo dell'episodio accaduto davanti al cancello ed attendiamo che il Presidente ci dica il da farsi, essendo impossibile rimuovere con la forza l'ammalato immaginario. Ci sediamo tutti intorno al tavolo e per qualche minuto un silenzio di tomba regna nel locale.

Passano ancora tre minuti e questo viene interrotto dall'urlo del Presidente che rivolgendosi a Ciccio Nitti grida:

"jamu! Peppe Cupiellu e chilli dui ciuoti m'hanu° e stare a sèntere sta vota! Jamu Cicciu Nì ca me signu siccatu".

Pietro Pucci vedendolo agitato e tremante per i nervi, come mai lo ha visto, lo ferma; prendendolo per la mano e gli grida: "Duttù assettate e carmate. Ragiunamuce supra, ca, ccussi faciendu. trovamu a soluzione. Te capisciu ca si preoccupatu ppe l'eventuale multa ca ne pue affibbiare a federazione, ma criiu ca u signor arbitru se rende cuntu ca nui cchiù de chillu ca stamu faciendu un potimu tentare de fare. Presidè cuntru i mulini a vientu un potimu cumbattere. I tri sunu i mulini a vientu, chissu u signor arbitru u capisce e supra u refertu scriverà lla verità. Presidè, assettate e ragiunamu".

Non ha ancora finito il discorso Pietro, che, svincolandosi di botto e brontolando ad alta voce, di corsa, si avvia verso il cancello di uscita del campo. Con Ciccio, Pietro ed il Maresciallo, usciamo dallo spogliatoio per cercare di fermarlo, ma il veterinario è già uccel di bosco.

"Te fazzu videre ca u currettiianu, mi fa Pietro preoccupato. Se friche aggiunge Ciccio. Si le rumpanu a capu fanu buonu. Nui l'avimu avvisatu".

Ha appena finito di profferir parola Ciccio Nitti che dal terrapieno vicino al cancello si ode una voce che grida: "Guai a ttie si te permietti de venire avanti! Te rumpimu a capu" ed una scarica di pietre, lanciate non per colpire, arriva a tre metri da lui. "Fermate e vatinde. Si te facianu a multa ppe la paliata ca voliamu fare all'arbitru a potiamu puru pagare io e llu dutture! Vavatinde" ed una nuova scarica di sassi cade più vicino a lui. Vavatinde, don Francì" gli grida da sopra il terrapieno delle tribune Ciccio Russo già guaritu" u sa ca te vuogliu bene e te rispiettu ma si fa n'atru passu u vi ssu martiellu tu mpacchiu *alla capu"*.

Una terza scarica di pietre, questa volta più consistente anche se meno vicina, convince il Presidente a battere in ritirata, lasciando il campo libero ai tre, che, con gli altri, ballano e gridano sul terrapieno vicino al cancello Una volta rientrato nello spogliatoio Francesco Caferri, affranto, si siede, si mette le mani alla testa e rivolto al Maresciallo chiede:

"A ssu puntu, cc'avimu e fare! Me sa c'aviti e nformare a tenenza Marascià".

Il Maresciallo si siede, chiama me, Pietro Ciccio e Filippo che ci ha raggiunto da poco, e ci dice: *"Non c'è bisogno della tenenza, faccio venire il comandante della stazione di Lago e risolviamo il problema, ma questo comporta l'arresto immediato dei tre. Conoscendoli non mi sento di arrestarli"*.

Filippo, a questo punto, mi chiama da parte insieme a Pietro e mi dice: *"Andiamo. L'unico che può risolvere la situazione sei tu, perché mio zio e mio suocero mai alzerebbero le mani su di te e tu sai quali note devi toccare con loro"*. Senza esitare e perdere tempo mi piglio sotto braccio Pietro e con Filippo ci avviamo verso il cancello raccomandandoci al buon Dio. All'uscita dallo spogliatoio, non distinguendo per l'oscurità, chi si dirige verso di loro, Ciccio grida: *"Veterinà! Si vue rutta a capu* vieni avanti ed agita il nodoso bastone a mo di clava. *Veterinà! Fermate ca un fissiiu."* *"Cì! Uscendo allo scoperto con un tono accattivante di voce, gli grido: "Cì! Signu io Giuliu! Statte quietu, quietu e buonu tantu io un me fiermu e un me spagnu du vette ca tieni alle manu! U sa ca un me fiermu. Anzi. u sa cchi te dicu! Vidimu si tieni u curaggiu de me minare a vettata alla capu. Vuogliu parrare ppe dui minuti ccu vvui. Si tieni u curaggiu, anzi, si aviti curaggiu rumpitime a capu"*, e mi avvio verso il cancello da solo. Ciccio agita il bastone, Settuzzo mi mostra due pietre non tanto leggere, ma io continuo la mia marcia verso il cancello, mentre i due me ne dicono di tutti i colori. Dopo una scarica di epiteti irripetibili, i due fratelli si avvicinano alla rete del cancello e mi gridano:

"*Vavatinde. Un si cchiù amicu nuostru! Chissu ppecchì te si permissu e ne mandare u Veterinariu mbece e venire tu. Un l'amu ruttu a capu ca simu persune perbene ed avimu rispiettu de persune cchiù anziane de nui. Vavatinde un si cchiù n'amicu. Vavatinde*".

A questo punto dal buio esce la figura di Filippo che si avvicina ed alla scarica di improperi che segue da parte dei tre regala, un bel sorriso e rivolgendosi a me profferisce la frase: "*Te presientu i tri da chiazza, Mimi, Cocò e Carmin'u Pazzu. Sulu ca m'avissiru e spegare chin'ìe Mimì, chin'ìe Cocò e chine Carmin'u Pazzu. Dui nannuzzi e na brutta copia de miedicu condottu ca iocanu a Briganti Carbinieri. Cicciu Rù! Un passanu tri misi e divienti nannuzzu ppe curpa mia e de figliata. Un te vriguogni a fare ste cose e a volire minare nu pescaru de vint'annippecchì s'ìe mbrogliatu ad'arbitrare*".

La filippica di Filippo è stata ascoltata in silezio dai tre. A discorso terminato, puntando il dito come Fra Cristoro verso di me, Settuzzo grida: "*U sa cchi te dicu! Un ne volimu liticare ccu ttie e niputimma. Jati ndo llu Marasciallu e dicitice ca illu, l'arbitru e Giuliettu, ca ìe llu responsabile de a ncolumità da Cornocchia e Cusenza, potiti nescere du campu sportivu ca, un ve facimu nente. U Veterinariu no. Adde stare ppe penitenza intra u spogliatoiu finu a menzannotte, ccussi se mpare ad'avire rispiettu de nui tifusi da Tillesium e segue una grande risata collettiva da parte dei tre. A ttie, ed indica me, ta fazzu pagare io.*" *Ca, ca ne vidimu a Filippu! Ca, ca ne vidimu a Filippu*".

Il racconto termina qua, anche se, per onor di cronaca è necessario precisare che il Veterinario ed il povero Ciccio Nitti sono stati costretti a bivaccare nello spogliatoio fino a mezzanotte inoltrata, quando, alla chetichella i tre, ormai rimasti soli sul terrapieno tribuna, decidono di togliere l'assedio. Per onor di cronaca, ringraziando tutti coloro che hanno avuto la forza di non scocciarsi a leggere il racconto, trascrivo l'epilogo finale della vicenda.

Al sottoscritto, a Filippo ed al Presidente Caferri, per venti giorni esatti è stato vietato finanche il transito per Piazza Santa Maria. La nascita di Attilio Muti primogenito di Filippo e di Isabella Russo figliola di Ciccio ha fatto firmare il trattato di pace con una bicchierata generale al bardi Attilio Nicastro.

Spinto dalla curiosità, a fine riunione ho chiesto a Settuzzo: *"Spiegame ppecchi alla Macchia m'ha dittu, ne vidimu a Filippu. Cchi ce trase Filippu niputita ccu mmie"*!

Segue un lunga risata ed una risposta secca: *"Si sempre u solitu stuortu Iuventinu. Me vulissi fare cridare ca un sa ca a frase ie stata ditta de nu Generale e Ruma, u nume un mu ricuordu, a n'avversariu politicu ca l'avie fattu ncazzare. Puru si un ie veru, te dicu ca si llu solitu pullitru iuventinu. E mmo citu ca tiegnu n'annu cchiù de tie e made rispettare! E mo, cumu dice fratimma, fila e raus."*

La voce del Veterinario seduto ad un angolo della sala con voce sorridente chiude il discorso: "Giù! Curnutu e mazziatu! Piglia e porta alla casa.

Aiello 15 maggio 197

U MALATU SANIZZU ZU FRORINDU ZU GUIDU E LLA MALATIA FANTASMA

Diciotto Giugno1964 ore nove e trenta, sono seduto ad una sedia dell'ufficio del Dazio sito in Corso Umberto e sto parlando del più e del meno con il titolare, zio Guido Belmonte, quando, aprendo la vetrina, fa la sua entrata il dottor Caferri, Veterinario di Aiello, Grimaldi e circondari.

Entrato, saluta col cenno della mano i presenti e velocemente si porta al tavolo di Ciccio Provenzano, dipendente dell'ufficio, che, al momento fino alle ore dodici e trenta, è in missione a Serra Aiello. Saluta ad alta voce e chiede ad alta voce: *"Guì! Mi l'ha preparatu l'elencu di cani e di puorci e vaccinare oie! Dunamillu ca tiegnu pressa ppecchi me tocche de jre prima alla Vucca du Cerasu e dopu alli Cannavali a fare e gnizioni cuntru a peste e lla raggia e signu in ritardu"*.

Non ricevendo risposta immediata. si avvicina al tavolo del dipendente, apre il cassetto e, trovandolo vuoto aggiunge *"Cumu sempre tinde si scordatu"*. *"Un si n'amicu! Si llu solitu scunchiudente e menefreghista e signu cazzune io ca continuo a tte dare cumpidenza. Signu ruvinatu! Tra cani e purci haiu de vaccinsre cchiù de settecientu animali. Signu ruvinatu. Si me va bona me ricuogliu alle tri dopu mangiatu. Un tiegnu nemmeno u tiempu d'avvisare a povara Lisa du ritardu. Signu ruvinatu! Signu ruvinatu! Guì si llu solitu scunchiudente"*!

Senza alzare gli occhi dal bollettario che sta compilando, zio Guido, cacciandosi gli occhiali con voce ironica risponde: *"Buon giorno a vussuria don Francì! L'elencu io l'hàiu compilatu ma un sacciu si Cicciu l'ha vattu alla machina ppe tte fare e due copie cumu ha ordinatu vussuria e l'avissi de avire misu intra u stipu di bollettari"*.

Quindi si alza e regalando al veterinario uno smagliante ed ironico sorriso sentenzia: *"Povariellu! Si ruvinatu! I vulissi d'avire io i guai ca oie te chiovanu ncuollu ccu tutti l'annessi e connessi! Tene ragiune Franciscu Ciciaru! Si nnu faccituostu! Si nnu povaru lemosinante ccu lle pezze allu culu! Assettate ca guardu intr'a vitrina e si ce su l'elenchi ti li dugnu sinno ce vuonu e due quando torne Cicciu"*.

Quindi si alza, si porta alla vetrina, ma degli elenchi neanche l'ombra. *"Francì un c'ìe nente intr'u a vitrina! Me dispiace ppe ttie ma, un ce puozzu fare nente! Adde venire Cicciu ca certamente i tene dintru a borsa. All'una, quando vene da Serra m'ì fazzu dare e alle tri, quando apru n'atra vota l'ufficiu, i trovi allu solitu postu. Francì va mpace a te fare i fatti tue e si ppe casu tutti i sordi ca ricuogli avissiru d'essere pisanti, avvisame ccu na telefonata ndo Giacominu ca ccu l'Appia viegnu a t'aiutare ccun'atra cirma"*.

Non le avesse mai dette, zio Guido, le ultime parole, perché ottiene in risposta una scarica di epiteti irripetibili ai quali fa seguito una fuga a velocità supersonica. Il comportamento del Veterinario e la scarica di male parole alle quali fa seguito una fuga indegna di una persona civile e ben educata, non piace molto a zio Guido che resta muto ed esterrefatto per il comportamento poco civile di un amico personale e di famiglia, stimato professionista ed alla mano con tutti. Trascorsi alcuni minuti, vedendomi un po turbato per l'accaduto, proferisce una sola parola: *"Tamarru e scustumatu, s'ìe scordatu ca signu, puru, cchiù grande de illu. Purtroppu un ha capitu ca a curpa ìe sulu da sua"*.

"Cicciu, tene dintru a borsa l'elencu de l'atr'ieri. Un ce su santi e madonne, tamarru, maleducatu e supratuttu irriconoscente pecchì un tene cuntu ca Cicciu l'à vattutu a machina l'elencu ppe amicizia e no ppe dovere. Tamarru. Un c'ìe n'atra

*parola. Ma la fazzu pagare cara. Quandu u tuocchi alli sordi di-
vente n'animale. Ccu llu cagnu ca ogni tantu piglie na carta e
cinquemila e lla regale allu povaru Cicciu ca ie n'avventiziu
ccu nnu stipendiu de fame. Parola mia Giù, sta vota ha esagera-
tu e un signu cchiù Guidu Bellimunte si un le dugnu na lezione
ca sa ricorde ppe tantu tiempu".*

Quindi si alza, rimette gli occhiali nel fodero, lo adagia sul tavolo, si concentra pensieroso portandosi la mano destra sulla
fronte e, trascorso qualche minuto, scoppia a ridere. *"Quantu signu fissa Giù, mi grida sempre ridendo, si stasira, cumu sole
fare, alle sette vene Frorindu, allu Cumpari le dugnu na lezione
ca sa ricorderà ppe parecchiu tiempu".*

Con mossa repentina, mi piglia sottobraccio ed insieme guadagniamo il portone che chiude con due mandate di chiave. Sempre sottobraccio scende i due scalini del ballatoio e mi saluta dicendo: *"Vieni alle sette ca si vene Frorindula dugnu io a mpitta
allu Veterinariu ca, statte tranquillu, tinaglia cum'iedi a
chill'ura vene ppe sse ritirare non sulu chilli, ma tutti l'atri
elenchi di puorci e di cani e vaccinare intra tuttu u territoriu du
Circondariu".*

Come richiestomi da zio Guido alle ore sedici circa esco da
casa, attraverso corso De Seta e mi presento alla porta del Dazio.
Seduti ai loro tavoli di lavoro ci sono mio zio e Ciccio Provenzano. Entro, saluto e mi accomodo ad una delle quattro sedie
presenti nel locale. *"Giù ppe favore cunta a Cicciu du compor-
tamentu scustumatu de don Franciscu, Cafierri, nostro amato
Veterinario, ppecchi a mmie un me cride".*

In pochi minuti metto al corrente il Provenzano degli avvenimenti mattutini e mi accingo a manifestare la mia opinione
sull'accaduto, quando, come un ciclone entra nell'ufficio il mio
Compare. Con ampio movimento del braccio, saluta, si siede ad
una delle sedie e portando le due mani alla testa sussurra: *"Gua-*

*gliù! Cchi iornata oie! Signu stancu muortu ppecchì puorci e
cani eranu de cchiù de quantu tiegnu annotatu io supra n'elencu de l'annu passatu. Signu stancu muortu e piensu a chilla povara Lisa diuna ca un mange senza e mie! Ci mo me ripuosu e
dopu me pigliu l'elenchi ca un ci l'haiu fatta a vaccinare tutti i
capi e me tocche de cce tornare n'atra vota. Guagliù! Signu ruvinatu*".

Zio Guido che ha ascoltato in silenzio con voce ironica e sguardo sfottente mormora: *"Povariellu! Si propiu ruvinatu si ne
spartimu i sordi, quando tuorni alli Cannavali ce viegnu io a
t'aiutare ca certamente, ccu quantu,me tocche riesciu a fare
fare u solaiu alla galleria. da casa mia. Povariellu si ruvinatu*".

Quindi, con voce adirata si rivolge a Ciccio e gli ordina: *"Cì,
duna l'elenchi ca m'ha siccatu ccu lle lagne ca, ccussi se va ricoglie alla casa nduve certamente Lisa u sta aspettando. Duna-
ce l'elenchi sinno rape ancuna pippa e nnui avimu e lavorare ca
si vene ancuna ispezione e un trove*

*lli registri a postu su guai. Povariellu Giù! U cumpari tuo si e
cose un cangianu adde jre a circare a limusina. Povariellu! Povariellu!*

Zio Guido non ha finito di pronunciare l'ultima parola che il
veterinario è già sparito insalutato ospite. Quando il Veterinario
oltrepassa il negozio del Sindaco sul corso de Seta zio Guido
che lo ha seguito con la coda dell'occhio rivolgendosi a me e
Ciccio con voce tonica e minacciosa dice: *"Ppe nnu paru de
iuorni un vene a nne rumpere e casciotte. Giù, si u vennari pros-
simu iedi cca a nne portare e ricevute da vaccinazione e lli sordi
du bullu, ppecchì u sapiti ca iè nna persuna precisa nei paga-
menti, parola mia ca la fazzu pagare. Me mintu d'accuordu ccu
Franciscu Ciciaru e lla fazzu pagare. Giù, soggiunge, me raccomandu, u vennari matina mberu e dieci, papariia alla Chiazza e
quando arrive Franciscu Ciciaru fa chillu ca te dice. Necessite*

parrare ccu lla faccia seria. Te raccomandu".

Il venerdi incuriosito più che convinto, alle ore nove scendo in piazza Municipio, mi siedo ad uno dei tavoli del bar di "Sciurillo", al secolo, Peppino Pucci e mi metto in attesa. Alle dieci meno un quarto, puntuale come un orologio svizzero, arriva il Compare Caferri. A passi veloci entra nel locale del Dazio, poggia sul tavolo del Provenzano la cartella borsa e, rivolgendosi a zio Guido balbetta: *"Quando vossignoria è pronto a ricevere l'elenco e lli sordi e rilascia la relativa ricevuta, io signu prontu. Siccome signu stancu permetti cam'assiettu"*.

Quindi, prende una delle sedie e si siede. Nel frattempo in piazza arriva il Cicero che mi mette al corrente del da farsi non appena zio Guido da il segnale di via. Mentre io e Francesco siamo in attesa del segnale di entrata nel locale, sopraggiunge Ciccio Provenzano reduce da una visita d'ufficio al Comune e vedendoci ci raggiunge al tavolo del Bar. Si siede e chiede: *"Iedi arrivatu u Veterinariu! Me raccomandu, guagliù, un ve scappassiru e rise! Appena don Guidu fa llu segnale, chine trase ppe primu! Don Francì, me sa ca tocche a vvui, dopu trase Giuliu e quindi le dugnu l'urtima botta io. Tene ragiune don Guidu. Se merite na grande lezione, su dui anni ca le fazzu e serbiture d'ufficiu, m'avissi regalatu na vota mille lire. Tene ragiune don Guidu! Necessite dare a sta tinaglia na grande lezione. Me ricirche nnu cafè e siccome signu n'impiegatu de concettu, cchi razza de parola usa unu ppe dire, viditi chine de vui due mi l'adde offrire".* *Quindi si rivolge al barista esclamando:" Per favore a me un caffè ca don Giuliu o don Franciscu su cuntienti e pagare".*

Francesco, naturalmente essendo il più anziano, ordina i tre caffè che in attesa del segnale sorbiamo ringraziando l'ufficiale pagatore. Passano cinque minuti e zio Guido come convenuto da il segnale di via aprendo la vetrina del locale. *"Don Francì! Grida Ciccio Provenzano, iati e me raccomandu parrati ccu n'espressione seria da faccia ca ìe cosa importante"*!

Francesco, spegne la sigaretta, che sta fumando e si avvia verso il Dazio. Passano cinque minuti ed è Ciccio Provenzano a varcare la soglia dell'ufficio di Zio Guido. Passano altri minuti e nulla succede di importante da prendere in considerazione e non avviene nessun movimento se non il lento muoversi del Cicero da una parte all'altra della stanza. come stabilito in precedenza.

Al sopraggiungere del mio turno, con un'aria piuttosto allegra, varco la porta del locale e rivolgendomi ai presenti sussurro, evitando di trovarmi di fronte al mio compare, con voce scherzosa esclamo: *"Salutiamo i lavoratori del braccio e della mente"*.

Zio Guido, con voce appena percepibile mi risponde: *"Salutamu a vussignuria. Assettate! Giù! Assettate"* e mi fa segno con la mano di accomodarmi al lato di fronte al Veterinario. Con una faccia tosta, che più tosta non c'è mi siedo ad una sedia vuota e mi trovo di fronte la faccia accigliata e preoccupata del mio compare. Nell'ufficio regna un silenzio di tomba rotto dallo scroscio della rotellina dell'accendino, sfocoliata dal professore con le dita della mano e con il tic tac della macchina da scrivere adoperata da Ciccio.

Pochi secondi dopo essermi seduto faccio finta di accorgermi del Veterinario. Naturalmente non mi limito a salutarlo, ma con una faccia più che preoccupata, spostando la testa ora a destra, ora a sinistra, esclamo: *"Su l'uocchi mie o nu iuocu de luce, Cumpari Francì! Te vjiu nu pocu iancu e preoccupatu! Un te sienti buonu! Zu Guì! Francì! I'e d'accussi o ìe sulu n'impressione mia"*?

Zio Guido non fa a tempo a rispondermi che il presunto malato non solo sbianchisce in volto moltissimo, ma con mossa repentina, si alza e si avvia di corsa all'uscita.

"Scusatime, ci grida, me signu ricordatu ca Lisa adde jre allu Lacu. Scusatime e guardandu l'orologio continua, ìe tardu!

Scusatime, ìe tardu. Staiu buonu! Staiu buonu! Scusatime".

Di corsa lascia il locale e si avvia con passi veloci per Corso De Seta verso Santa Maria. Zio Guido ed il Cicero scoppiano a ridere ed invitano il Provenzano a seguire da lontano il malato immaginario per constatare se andava a casa o allo studio medico di zio Florindo. Questione di cinque minuti e si accerta che il mio Compare è salito allo studio medico.

Tornato Ciccio in Ufficio trova i due volponi che ridevano a più non posso. *"Francì, a calma rientrata, sussurra zio Guido, c'è vulie sta lezione ppe lla Tinaglia de San Franciscu. M'à siccatu ccu lli sordi ca minte sempre ncampu. Guì! risponde il Cicero. Ti lu immagini a Florindu, ca certu se rende cuntu du scherzu pecchì u sa ca u cuginu ìe forte cumu nu tauru e sta buonu. Specie si le cunte ca io e tie eramu presenti intra u daziu e un l'avimu accumpagnatu ndod'illu. L'avimu fattu u regalu, Povaru Frorindu! Ccu lla paura ca l'àmu fattu pigliare e lla parapasciuta de Giuliu sarannu cagni amari ppe llu dottore Longo ca certamente un canusce nessuna medicina ca cure lla fissazione e lla ciotia. Francì, sentenzia Zio Guido, me sa c'avimu fattu na brutta cosa. Lisa, ca un canusce lla verità si la piglierà ccu mmie e ttie ca un avimu assistutu u marito c'ad'avutu nu malure. Avimu cumbinatu nu pasticciu l'aviamu de accompagnare. chine e sente a Ines, Maria e Nina quando Lisa le cunte llu fattu"*.

"Guì, un ce penzare, vida cumu t'hai de giustificare ccu Frorindu ca te cazzierà certamente stasira si vene allu daziu".

La sera, alle ore diciannove, allorquando vedo Zio Florindo entrare al Dazio, scendo da casa e mi porto al Bar di Sciurillo e da fuori osservo quanto accade all'interno. Il medico entra, si siede e inizia a conversare con Zio che ascolta e risponde con ampi sorrisi. Mi faccio forza ed entro dopo aver aperto la porta della vetrina e mi annuncio con un forte buonasera a tutti.

Zio Florindo che l'unico presente in loco, prima risponde al saluto, quindi mi apostrofa con una frase che è tutto un discorso:

"Vulissi pigliata cauci puru tu. Un haiu capitu cchi vvie passatu ppe lla mente. U tiru mancinu l'aviti iocatu a mmie e Laura, ca povarella un ha capitu qual'ere lla verità di fatti ed'ie stata preoccupata ppe tutte e tri ure ca ce su volute ppe convincere Franciscu Cafierri ca ìe sanu cumu nu tauru. U fattu ca nessunu de vui l'à accumpagnatu m'à fattu capire ca l'aviti iocatu nu bruttu tiru. Guì, siti tri muli fricati e scoppia a sua volta a ridere. Ma cchi va fattu u povaru Franciscu ppe meritare nu scherzu cumu chistu"! E giù un'altra risata. *"Ma ìe possibile ca un s'ìe resu cuntu cum'haiu fattu io all'istante ca u fattu ca un l'aviti accumpagnatu nessunu di tri e"* giù una nuova risata con lagrime finali.

Poi, rivolto a zio Guido: *"Però staiu aspettando ca me spieghiu ppecchì de stu scherzu. Florì, me signu siccatu du sentere parrare sempre de sordi e de l'intelligenza di cristiani du Lacu ca, cumu tu ben sai, anticamente su stati sudditi e no "pari" del'Aiellisi. Florì, inoltre, signu, sfuttutu, du fattu ca u povaru Cicciu Provenzanu,ca tene nu stipendiu de fame,le fa de serbiture e lle tene in ordine carte, elenchi ecc.ecc.Ce fossi nna vota ca le regale na carta e mille lire. Cridame si ritarde a lle scrivere n'elencu o na littara u cazzie puru e un se rende cuntu ca u guagliune sta citu ppe rispettu mio. Capisciu. Capisciu. Ma in futuru evitate de criare problemi a mmie e Laura".*

Aiello Calabro 18 giugno 196

U SPUMANTE GIULIU, CICCUZZU E LLU SPUMANTE MALANDRINU

Ciccuzzo, unitamente alle grandi qualità, che sono il bagaglio della sua personalità, possiede qualche difetto che lo rende vulnerabile, ma non ne intacca la personalità. Ciccuzzo, mio fraterno amico, compagno d'infanzia, di giochi, di lavoro, è un grande personaggio del dopoguerra aiellese. È una persona intelligente, benvoluta da tutti perché servizievole e non venale, rispettoso e non invidioso, bonaccione e non vendicativo.

Fra i tanti pregi che lo distinguono e lo fanno amare da tutti i paesani, possiede il grande difetto di essere un curiosone che spesso paga il fio di questo suo fattore negativo. Quanto vado a narrare è la dimostrazione pratica di quanto pericoloso sia per un uomo onesto, non controllare i propri istinti malefici e cedere a certe deviazioni negative per colpa delle quali, spesso, si rischia grosso anche in fatto di incolumità fisica.

Siamo nel dopoguerra nel quinquennio che va dal 1970 al 1975, non ricordo esattamente l'anno, ma certamente il mese è quello di dicembre prima decade. Durante la vendemmia settembrina, sollecitato da mio cognato, Tonino Mazza, decido di produrre una ventina di bottiglie artigianali di spumante rosso. Accertate, tramite ricerche, tutte le modalità di produzione, do il via all'operazione abbastanza complicata. Infatti, una volta spremuta l'uva ed ottenuto il mosto, bisogna filtrare attentamente il liquido e, prima che inizi la fase di fermentazione, versarlo nelle bottiglie di vetro doppio scuro e tapparle con sughero speciale ancorato al collo tramite del filo di ferro adatto.

L'operazione va fatta con una certa precisione e deve garantire al mosto una tenuta stagna durante la fermentazione che può durare anche un mese. Ciccuzzo, mio aiutante, è anche mio complice del misfatto di produzione abusiva di prodotto con origine controllata, e come me, è un ignorante in materia, anche se risulta essere un grande esperto in piazza e al bar. Il giorno stabilito della lavorazione dell'uva in modo da ricavarne lo spumante, ambedue, dopo aver prodotto il mosto con la diraspatrice, iniziamo il filtraggio del liquido con travaso da un grosso recipiente ad un altro.

Terminata la spremitura ed il filtraggio del liquido Ciccuzzo, non sapendo il da farsi, mi chiede a voce alta: - *Don Giù, ccu tutte sti foglietti de carta, sti 'mbuti, ste vaschicelle chjne de mustu, me sientu rincitrulitu! Un capisciu cchiù nente. Diciame c'àje e fare cu fazzu. Dintra e cassette ce su vintiquattru buttiglie scure ca m'ha datu Cicciu 'e Nella lavate de suarma 'Ntonia e dintru u panaru grande i tappi de suvaru speciali, u 'mpilatappi, insomma tuttu u necessariu ppe l'operazione. Diciame de 'ndo àje 'ncuminciare. – Francì* - gli rispondo con collera e voce lenta ed affabile - *capisciu ca si ignorante in materia, ma io, un te cridere ca nde sacciu cchiù de tie! Tiegnu l'appunti e ccu calma e pacienza, si fa quantu te dicu, 'nde n'escimu. - Va bè. Va bè, facimu cumu dice vussuria. L'antichi dicienu "attacca u ciucciu ndo dice llu patrone". Mah! Certe vote me vene llu dubbiu ca e troppe sicarette ca fumi te fanu girare a capu e scunchiudere. Diciame cch'àju de fare. – Inchja e buttiglie ad una ad una, piglia u tappu de suvaru tiepidu, attippa a buttiglia e subitu 'ncamiciala ccù llu fierru speciale ca u riestu lu fazzu io dopu chi tu ha finitu.* Con Ciccuzzo all'opera il lavoro procede con celerità ed il tempo vola.

Appena dieci minuti e le ventiquattro bottiglie sono piene, ben tappate e sistemate in una cassetta. Ciccuzzo a questo punto mi guarda e ridendo mi dice: - *Patrù, haju finitu. C'è altro da fare o posso andar via? - Francì, grazie. Portame e due cassette all'angulu du parmiantu, vivate naturalmente u vinu ca vue, ca se trove dintra u fiascu du stipu laterale, e pue fa chillu ca vue.*

Detto fatto. Ciccuzzo, tracannati due bicchieri di vino uso birra, porta le due cassette di bottiglie nella cantina a fianco e va via. Senza perdere tempo, eseguendo quanto scritto nel disciplinare di esecuzione, velocemente, estraggo le bottiglie dalle cassette e, ad una ad una, le sistemo con il tappo in giù nella parete laterale del locale, una di fianco all'altra per bene ed in modo che non cadano né di lato né in avanti. Ciccuzzo, atteso probabilmente da Rico Pino e Mastro 'Ntoni Giardino alla cantina da Catarina, non solo non assiste alla sistemazione con tappo e collo all'ingiù, ma per più di un mese non entra nel magazzino cantina dove c'è la parata di bottiglie adagiate in modo insolito. l quattro dicembre, alle venti, terminata la lavorazione delle olive, rientriamo da Cleto con Ciccuzzo e, dopo aver scaricato la macchina, sapendo quanto sia importante per il mio amico avere una bottiglia di vino da bere, gli do la chiave della porta della cantina dicendo:

"Francì, rapa a porta, appiccica a luce e vida ca dintra u scaffale ce su buttiglie de vinu chjne. Pigliande due, una ma puortu supra io, l'avutra t'a puorti tu".

Ciccuzzo prende la chiave, entra nel locale e, dopo due minuti, compare sulla porta con due bottiglie in mano ed un sorriso smagliante. Non do peso al sorriso da faccia della Gioconda di Ciccuzzo perché lo attribuisco alla gioia derivante dal fatto di avere avuto in dono una bella bottiglia di vino di "Ciani", nettare prelibato ed apprezzato da aiellesi e viciniore.

Ma quello che succede da qui a qualche giorno mi da la dimostrazione pratica che ho sbagliato a non tener conto dello smagliante sorriso di Ciccuzzo al quale capiterà di dover pagare cara l'azione scatenata dal piccolo e forse unico difetto caratteriale che ha. Ciccuzzo è un curiosone e proprio l'istinto di voler sapere ad ogni costo, gli causa un bel po' di guai ridicoli ma non pericolosi.

Entrato nella stanza per prendere le due bottiglie, al curiosone, non sfugge la visione della fila di bottiglie con il tappo all'ingiù e nei giorni che seguono si arrabatta ad agire in modo da essere costretto ad entrare nella cantina per rendersi conto del perché le bottiglie fossero poggiate al muro in quello strano modo.

Confida la cosa a Mastro 'Ntoni Giardino con una illazione che la sa lunga: - *Mastru 'Ntò, si un canuscissi a Don Giuliu ccussì cumu lu canusciu, pensassi certamente a nnu fattu e manicomiu. Vintiquattru buttiglie mise 'nfila, capusutta e poggiate allu muru. Cose de pazzi! Don Giuliu ciotìe! Un tene nente cchì fare e strolachìje vizi, sarà nu peccatu mortale si ancuna cade e se rumpe.- Francì* - soggiunge Mastro 'Ntoni - *sì sicuru de chillu ca dici? Ud'ie possibile ca Don Giuliu fa ste strampalate!- U sa cchi te dicu Mastru Ntò? Domane, ccù na scusa, me fazzu dare a chiave 'e sutta de Genuzza 'a cambarera e me vuogliu rendere cuntu du ppecchì e du ppè cumu! - Fà buonu Francì! Domane pue famme sapire.*

Il giorno seguente Ciccuzzo, con un bidone di olio che nessuno gli aveva ordinato di portare, alle ore sedici si presenta al portone. Chiama la cameriera e chiede la chiave del magazzino per depositarci il bidone ordinato da don Giulio ed esplica l'incarico una volta ottenuta la chiave.

Entrato, sistema nella "giarrotta" l'olio e poi, spinto dalla curiosità, si reca là dove c'era la fila delle bottiglie poggiate al muro con il tappo all'ingiù, osservando la fila pensa fra sé e sé: - *ma vida nu pocu quantu ndaju e vidère! Ud'ie cchiù loggicu mintere e buttiglie all'impiedi supra u tavulu? Ma vida nu pocu quantu 'ndaju e vidère! U sa cchì te dicu! Don Giuliu arme catringuli studiandu vizi ppè me fare 'nciotare. Mò 'nde pigliu una ppè videre cum'ie.*

E con la mano afferra la prima bottiglia della fila. A girata effettuata s'ode un gran boato e faccia, camicia e pantaloni di
Ciccuzzo diventano rossi punteggiati di schiuma bianca.

Al momento del botto Ciccuzzo lascia cadere la bottiglia a terra e con la mano destra si tiene la fronte che ha un bel taglio
che gli causa un certo dolore. Genuzza, che ha sentito il grosso
botto varca la soglia della porta ed atterrita, perché vede Ciccuzzo con la mano che si tiene la fronte tutto pieno di liquido rosso
e gli grida: - *Ohi Cì ccà fattu! Te si tagliatu a frunte! Pecchì tuttu stu sangu?* Ma la paura dura poco a causa della schiuma si
rende conto che il liquido non è sangue ma spumante.

Oltretutto, al punto sulla fronte dove si era abbattuto con violenza il tappo della bottiglia oltre al taglio che sanguinava leggermente è spuntato un bel bitorzolo. - *Cì, c'ha fattu? T'è jiuta
bbona ca ud'ha perdutu n'uocchiu! Ma chine t'ha fattu fare a
toccare a buttiglia du spumante. Tè, asciugate a frunta e va alla
casa a te cangiare ca si tuttu affusu. Si avisse lettu u cartellinu
'mpittu allu muru un te succedìe nente. Mò chine u sente a Don
Giuliu?* - E scoppia a ridere. - *Rida, rida. Ciota fricata. Me potìe
cacciare n'uocchju e tu ridi. Sì propriu na strolaca, vatinde supra ca fa miegliu!*

E, coprendosi con un vecchio maglione che era in deposito su
una sedia del locale, si avvia tenendosi la fronte all'uscita della
cantina e del portone. Percorre Corso Umberto e, per sua sfortu-
na, all'angolo del mulino incontra l'amico "Rico Pino" che si
stava recando a casa sua. - *C'ha cumbinatu Francì!* – gli grida -
*sì cadutu dintr'u puzzu du parmiantu? E pue viju ca te si fattu
nu biellu vumbune alla frunte! Eh, su cose chi capitenu quandu
se vive llu. Francì, ca t'accumpagnu io ca certu te gire la capu.
Jamu, jamu. U bruttu è passatu.*Poi vedendo il grosso bitorzolo
insinua malignamente: - *Tu un ma cunti bbona Francì, u vumbune un tu potìe fare cadiandu, me sa ca ti l'ha fattu Genuzza ccu*

213

*llu maccarrunaru o ccu llu palu da scupa. Te frichi Francì!
N'atra vota tìeni e manu a postu! Te frichi!*

Non posso trascrivere la risposta violenta di Ciccuzzo e la contro risposta ancora più insinuante di Rico che si trattiene perché sul portoncino di casa è comparsa Totonna, sorella di Ciccuzzo che, vedendo il fratello tutto rosso dalla testa ai piedi, si mette le mani alla testa e grida: - *Disgrazzia mia! Curra, curra 'ndo Don Frorindu, accumpagnalu Ricù, ullu lassare sulu ca me pigliu u cappottu e viegnu puru io. Disgrazzia mia! Disgrazzia mia!* E corre a prendere il cappotto.

Non aggiungo altro se non che lo spumante malandrino miete un'altra vittima, mio cognato Tonino Mazza. Questa volta non ci sono bitorzoli e ripercussioni fisiche, ma solo un bel quadro futurista dipinto nella soffitta di casa Mazza che tale resterà per oltre un decennio. Succede infatti che l'anno dopo, alla cena di festeggiamento del S. Antonio, presente tutta la Belmonteria, da mia cognata Liliana viene l'idea di festeggiare l'onomastico del marito con un bicchiere dello spumante prodotto dal cognato Giulio.

Tonino toglie il fil di ferro e non fa in tempo a toccare il tappo perché si ode un grosso botto e, tavola, tovaglia e commensali vengono inondati da goccioline rosse che cadono dal soffitto della stanza.

Fra le risate generali si osserva il festeggiato che allibito e tutto rosso osserva il quadro futurista dipinto dall'artista Giulio di Malta nei tre quarti del soffitto e mormora: - *Stupendo.*

Per tutta la durata di permanenza in casa Mazza il quadro è oggetto di visita obbligatoria di quanti mettono piede nell'appartamento di don Antonio e consorte che spiegano con beffardi sorrisetti la tecnica ed i colori usati dall'artista Giulio di Malta nell'eseguire l'eccezionale opera d'arte.

Aiello 1970-1975

I FILIBUSTIERI "GRAN FIGLI DI PUTA" ZU GATANU STANU GIACOMO E LLI RIEPULIC-CHI

Ultima settimana del mese di Agosto1972, La località chiamata "Bocca della Colla" è meta serale di molti cacciatori proprietari di buoni cani da caccia cosidetti di "pelo" di Aiello Calabro, che vanno a godersi le evoluzioni di due famigliole di lepri, frutto di un ripopolamento effettuato due anni fa.Il grande gruppo di selvatici che scorazza allegramente nelle lunghissime "massate. che,partendo dal cancello della strada che porta a Santa Lucerna si estendono ,per mplti ettari,fino all'ubertosa contrada Alzinetta Il gruppo,rappresenta il regalo del Presidente della Federcaccia Provinciale di Cosenza Notaio Gaetano Solimena alla Sezione Cacciatori del Paese natio, Aiello.

Nell'Aprile di due anni fa infatti, nella Zona sono state liberate dai guardacaccia due maschi e tre femmine ed oggi, dopo due anni sono visibili i frutti con due famiglioni che hanno colà eretto dimora e, specie di notte scorazzano in tutta la zona in cerca di cibo fresco. E' uno spettacolo insolito e molto bello che si si svolge sui curvoni della Statale 106 che collega Aiello a Piano Lago, captato ogni sera dai fari delle macchine in transito dalle ventuno in poi.

E' uno spettacolo perché,quando incroci il gruppo in transito assisti allo "sbrittare" alternativamente dei vari soggetti che, abbagliati dalla luce intensa, ad altissima velocità, effettuano tragitti vari, molte volte ripetute alle curve successive.

Per una Estate intera il divertimento serale della nostra combriccola, formata da me, Adolfo, Rafele, Vittorio e Giacometto è quello di rincorrerli con la mia seicento rossa scoperta. I poveri animali molte volte, sono paralizzati al punto che fermandoci, potremmo catturarli vivi.

Zio Gaetano Solimena, al quale molti riferiscono circa il numero dei soggetti, circa lo spostamento dei nove o dieci selvatici, non vede l'ora che si apra la caccia al "pelo", per potersi divertire anche ad addestrare i due suoi giovani cani di razza "segugio italiano"   coadiuvato dagli altri componenti il suo gruppo Totì, due contadini dei quali non ricordo i nomi,e suo cugino Francesco Cicero che li accudisce nella sua proprietà "i Chingi".

Due giorni alla settimana si possono portare sulla zona di caccia i cani e Zio Gaetano cura personalmente l'addestramento dei due animali di razza con un buon albero geneologico e, secondo loro forniti anche di un buon naso e di un'ottima andatura in inseguimento. Insomma il Capo Caccia Provinciale, non vede l'ora che si arrivi al I° Settembre, data di apertura della caccia "pelosa" detta Stanziale in questa zona a lepri, tassi, volpi, conigli.

Per evitare brutte sorprese il Presidente ha monitorato la zona facendo spostare fino a tarda notte una pattuglia di guardiacaccia che controlla la zona spostandosi di continuo da contrada a contrada.

La nostra squadra non ha interesse per la Caccia stanziale perché con "Dora" di Zio Antonio Belmonte, il cane da Caccia di Egidio Pagnotta e "Lola" tuttofare di Giuseppe Pucci, come noi VIP della Caccia alla selvaggina, volatile migratoria, possediamo i migliori cani di Aiello e se vogliamo essere precisi i migliori cani del circondario di Amantea.

Il mio Pointer "Trot", nipote di un pointer campione d'Europa ed il bastardone, incrocio tra Bracco tedesco e Setter, "Tom" di Raffaele hanno dato, nel mese d'Agosto in Sila, grande spettacolo per fiuto, marcia, e capacità professionali. Lo spettacolo si è ripetuto nelle Macchie di Campora e Nocera nel mese di Settembre allorquando hanno surclassato i cani di Franco Mirabelli affiancando quel fenomeno che è il cane del barista di Amantea

Politano, ripeto, un vero spettacolo per eleganza e velocità di marcia, per la statuarietà nella ferma, per naso e rendimento.

Se a tutto questo si aggiunge il fatto che il "Duo T" come lo chiamiamo noi è l'unica coppia che riesce a stanare e far volare dal nascondiglio della medica delle Macchie di Donna Lina Cavallo le cosiddette "quaglie ncarnate" che ne sanno una più del Diavolo in questioni di sopravvivenza e conoscono tutti i trucchi necessari a mettere fuori gioco cani esperti e di valore, si capisce il perché, preferiamo la "penna" alla "stanziale".

Questo non significa che a determinate condizioni non ci improvvisiamo "stanziali" e non siamo all'altezza di praticarla con successo anche se non possediamo i cani adatti alla bisogna. Verso il venti Agosto, le condizioni ce le da, involontariamente, il Professore Cicero quando, durante una discussione serale, seduti sulle panchine di Santa Maria chiama noi giovani *"cacciaturi de menziuornu avanti, buoni a siminare chiumbu intra e missate"*La battuta poco felice ed alquanto immeitata ha vuto gi effetti di un flmine a ciel sereno su tutto il nostro gruppo di giovani che hanno sempre avuto grande rispetto per tutto e di tutto.

Non l'avesse mai fatto l'offesa è troppo pesante per essere ignorata. A malincuore decidiamo, nella riunione serale, tenuta sui gradini della Vecchia casa del Fascio, di vendicarci anche se questo dovesse significare mancanza di rispetto nei riguardi di Zio Gaetano.

"Ubi maior, minor cessat" dice il proverbio latino e noi, ripeto a malincuore, siamo costretti ad applicare il "detto". Studiamo il piano a tavolino e decidiamo di applicarlo sabato notte alle ore due, quando tutti dormono e non ci sono guardiacaccia in giro.

Con Raffaele il giorno dopo la riunione carichiamo una ventina di cartucce con polvere M.B. e piombo cinque e stabiliamo che l'operazione "Bocca della Colla" sarà portata a termine la notte del sabato 28 Agosto che è alle porte.

Venerdi mattina con Tom e Trot, tutta la combriccola alle ore sei è alle Macchie di Campora a cacciare a prima mattina Tortore e Colombacci, con i cani chiusi in macchina e dalle ore otto a mezzogiorno nelle missate di "medica" o di "ristucci" alla ricerca di quaglie "di passa o incarnate".

Il bottino, rispetto a quelli racimolati in Sila nella prima settimana di Agosto, circa otto, dieci pezzi a cacciatore è misero, appena quattro quaglie in totale. A mezzogiorno e mezza, tutti noi giovani, siamo già al bar di Attilio Nicastro in tenuta di caccia a prenderci il caffè e far sapere in giro il nostro operato mattutino.

Dopo una bella doccia rinfrescante, un lauto pranzo ed un lungo pisolino pomeridiano, tutti e sei, alle ore 16,30 circa ci troviamo al Bar a giocare a carte e a Tresette e Briscola e dopo a partecipare o assistere alle lunghissime sfide a biliardo con Francesco Cicero che non è solo un professore universitario in quanto al gioco,ma un campione spettacolare per quanto riesce a fare con una bellezza,linearità ed eleganza sconcertanti.

A tarda sera, dopo aver salutato tutta la compagnia, ognuno raggiunge la propria dimora, cena e riesce di nuovo. Una volta in Piazza, dopo una passeggiata digestiva fino a Santa Maria,al ritorno, ingrossiamo il gruppo con i Cicero, i Belmonte di sotto, Ciccio Nitti, i Giannuzzi capeggiati da Zio Raffaele e bivacchiamo o al "Cantone"del Dazio, o su la scalinata dell'ex Casa del Fascio alla Porta.

Fino a mezzanotte, si critica, si taglia, si pettegola e si studiano vizi e ne succedono di tutti i colori. A mezzanotte tutti a nanna con appuntamento per il giorno dopo sulla spiaggia di Coreca. Per non dare all'occhio anche noi sei, che della Banda dei "Filibustieri", andiamo a nanna con grandi saluti.

All'una e mezza circa, come i monaci, Vittorio, Giacometto, Raffaele e Adolfo, raggiungono me e Stano che siamo alla stanza da pranzo. C'è tutto già pronto sul tavolo, Il mio Browing automatico, il fucile di Stano, le cartucce, due cassette di plastica grandi, due sacchi di juta. Con un mazzo di carte si tira a sorte per stabilire chi fosse addetto a sparare ed i tre che debbono restare alla "Porta" con la "Dhaufine"di Vittorio che deve bivaccare alla fontana pronta ad intervenire in caso di pericolo per i "Commandos".

La sorte ha scelto, come sentinelle Stano ed Adolfo con Vittorio autista della sua vettura ed a prescelto Giacometto e Raffaele a fare i cecchini. Alle ore due e dieci dopo aver tolto il sedile anteriore ed aver aperto la cappottina della Seicento, con i due tiratori scelti, seduti sul sedile posteriore, in assetto di guerra, metto in moto e lentamente mi avvio. Varco il cancello del giardino, mi immetto sulla 106 e nel giro di dieci minuti sono al primo tornante della statale sopra il tabacchino di Alzinetta.

Fatta la curva i due tiratori si alzano e si sistemano in posizione di tiro. A velocità moderata ci lasciamo alle spalle il primo, il secondo il terzo tornante della statale e le lepri non si fanno vive. Dopo il curvone ad ampio raggio c'è il primo incontro un bellissimo esemplare esce dalla mulattiera che porta in montagna e inizia una corsa frenetica lungo la strada.

Frastornato dal fascio di luce si ferma e si volta. Echeggia un colpo di fucile e la povera bestia si abbatte freddata dalla carica mortale che Raffaele gli ha scaricato addosso.

Ci fermiamo, Giacomo scende, solleva l'animale, lo infila nel sacco e lo infila nella cassetta.

Pochi minuti di fermata e la marcia riprende. All'uscita della penultima curva prima del valico, sbrittano e cominciano a correre sopra il "ciglio" della strada che è un rettilineo,una coppia di lepri adulte che corrono, parallele alla cunetta.

Passo in seconda marcia ed accelero portandomi ad una trentina di metri di distanza dai due animali. Echeggia un colpo e le due bestiole stramazzano stecchite dalla rosata mortale di piombo.

Giacometto ha fatto centro e che centro. Con un colpo "ha stivaliatu dui repuluni".

Breve fermata e poiché dietro il valico che dista meno di un kilometro ci sono delle abitazioni, decidiamo di fermarci, raccogliere le due prede, girare la macchina e guadagnare il nostro giardino dove c'erano ad attendere gli altri componenti la "Filibusta"..

Aiello Calabro 1 Settembre 1972

Biografia di Giulio di Malta

Giulio di Malta è nato ad Aiello Calabro il 22 Gennaio 1933 da Valerio, Ingegnere e da Trapuzzano Lina, casalinga.

E' stato alunno delle elementari in Aiello fino al settembre 1942, quando, convittore interno, è stato iscritto alla quinta elementare del Nobile Convitto Mondragone di Frascati. Con i Gesuiti ha trascorso i primi due anni della scuola media, ritornando quindi a Cosenza dove ha frequentato il Liceo Scientifico" G Scorza" conseguendo la licenza liceale nel Luglio 1954.

Iscritto alla Facoltà di ingegneria dell'Università di Napoli, frequenta i corsi fino al Settembre 1958 quando, per la morte prematura del padre, ha dovuto dedicarsi ad amministrare il consistente patrimonio agricolo di famiglia, consentendo al fratello Stanislao, di portare a termine i suoi studi di dottore in legge.

Fin da piccolo, Giulio di Malta, ha avuto un occhio di riguardo per lo studio della lingua italiana, della storia dei popoli, del disegno, della pittura questo perché ha avuto la fortuna di aver avuto ottimi insegnanti nelle scuole superiori.

Il professore Mario Dionesalvi per l'italiano, Spadafora per la storia e filosofia e Michele Berardelli per il Disegno, sono stati dei Maestri che hanno fatto amare le materie da loro insegnate.

Nella seconda decade del Mese di maggio 1953, insieme al compagno di classe, Franco Fazzari, miglior alunno delle due sezioni A e B della quarta classe del Liceo Scientifico" G Scorza" di Cosenza, viene premiato con la partecipazione ad un corso accelerato di studi aeronautici e di pilotaggio sui Macchi 305, indetto dal Ministero dell'Istruzione, per cinquanta alunni delle scuole superiori del Meridione, quale miglior alunno studioso della lingua italiana.

Il Corso si è svolge a Roma alla struttura aeronautica di Centocelle guidato da un Maggiore dell'Aeronautica Militare, del

quale non ricordo il nome, con la presenza assidua del record-
man dell'epoca di "Paracadutismo Acrobatico Aeronautico", Capitano Cannarozzo.

L'aver avuto il professor Dionesalvi, insegnante di italiano alla
sezione B del quarto anno del Liceo Scientifico, è stata manna
del cielo per Giulio di Malta, perché, leggendo le prime sue poesie, scritte negli anni cinquanta, guidate da" U Vecchiariellu,
"anno 1951", l'insegnante, si è rende conto delle doti del suo
alunno è lo consiglia e stimola a leggere qualche lavoro dei
poeti in lingua dialettale delle passate generazioni, dai quali
avrebbe certamente appreso cose interessanti e validissime, riguardanti le opere di calabresi che hanno meritato i riconosci-
menti che hanno avuto in campo nazionale ed internazionali.

Con la poesia" U Vecchiariellu", Giulio, manifesta con chia-
rezza, sin da giovane, la sua appartenenza al Verismo che ha
avuto in Verga il maggior esponente primordiale.

Il Catanese, fondatore della corrente di pensiero, che è frutto
prelibato del Meridione, salito sul treno in partenza da Catania,
ha raggiunto i luoghi più impensati ed ancora oggi, alle soglie
del duemila, è in viaggio tranquillo e spedito quanto mai.

Dopo Verga, Giulio ha scoperto, già studente all'Università di
Napoli, Di Giacomo, i De Filippo e soprattutto Gioacchino Belli e Trilussa.

Di quest'ultimo, Giulio, ha letto tutto quello che ha trovato in
giro ed assimilato, in tutte le sue sfaccettature, i contenuti del
suo "mondo poetico", innamorandosi, soprattutto, della favoli-
stica del terribile uomo di Trastevere temuto, ma rispettato dai
politici dell'epoca, per la sua penna tagliente come un rasoio.

La lettura e lo studio, infine, di "Duonnu Pantu", della Favoli-
stica di " Butera" e di alcune delle poesie di "Ciardullo", hanno
indicato la via da percorrere per cercare e fornirsi di un mondo
poetico tutto suo, inconfondibile, molto comprensibile. Giulio

ha imboccata e percorso tale via, partendo dalla gavetta. Si è creato, così, un suo stile improntato per lo più sulla perfezione metrica e su un contenuto che deriva dal mondo reale, agricolo, nel quale, per sua fortuna, ha vissuto.

Questi, che è privo di sfaccettature qualunquiste ed irreali, lo ha aiutato molto a salire le scale della conoscenza, principalmente, del mondo sociale che era agli albori in Italia.

Nel 1959, causa grave lutto in famiglia, è costretto a improvvisarsi Imprenditore agricolo a titolo principale, dedicandosi a dirigere l'Azienda di famiglia, essendo impegnato col fratello, a non trascurare gli studi universitari.

L'assottigliarsi, nel giro di un anno, delle entrate agricole, vitali per la sopravvivenza della famiglia trasferitasi nel Gennaio 1959 a Napoli ed il bassissimo quantitativo di olio ricavato, nella invernale campagna olearia successiva, impongono un'indagine accurata dell'accaduto. La causa viene subito individuata ed è palese perché la vegetazione delle piante è ottima.

Lo scarso raccolto l'ha determinato la lontananza "dell'occhio del Padrone" e i due fratelli corrono subito ai ripari rientrando nell'Ottobre 1962 in Calabria.

La Famiglia si trasferisce da Napoli alla natia Aiello e l'Artista, improvvisandosi imprenditore agricolo, si dedica a guidare la Grande Azienda Agricola di famiglia sita in territorio di Cleto.

Grazie al suo curriculum universitario, per due anni fa l'insegnante di matematica alla prima scuola Media Unificata dell'Obbligo, che vuole essere ed è, una rivoluzione sociale di vastissima portata: il primo anno a Cleto, il secondo ad Aiello Centro.

Da insegnante, ad Aiello, diventa amico fraterno di Francesco Tosti di Cingoli, Professore di disegno alla Scuola Media e da questi viene stimolato a coltivare oltre che le campagne calabresi, anche il sistema di tramandare ai posteri le bellezze ed i colori della punta dello Stivale, tentando di riportarle sulla tela,nel modo più veritiero possibile.

E' così che Giulio, a partire dal 1960, riinizia a dipingere su carta con tempera e acquerello scorci di vedute agricole, scorci cittadini, nature morte. Forte degli insegnamenti liceali del Professor Michele Berardelli, di cui è stato uno dei pochi pupilli, tanto da avere e guadagnarsi un voto altissimo di ammissione alla licenza liceale.

Stimolato e **spinto dei consigli dell'amico Francesco, Giulio inizia a praticare la Pittura e completa la triade di discipline amate e praticate nella sua vita; il calcio e l'atletica leggera in gioventù, il tifo per i colori rossoblù del Cosenza Calcio e della Juventus a livello nazionale.

Nell'atletica leggera nel 1952 ha vinto gli ottanta metri di corsa veloce, nella rassegna annuale degli Istituti scolastici provinciali, con la casacca del" Liceo scientifico Scorza" di Cosenza, con un tempo eccezionale, per quegli anni 9, 2 secondi, con equipaggiamento arrangiato e scarpette da tennis eguagliato, l'anno seguente, con la casacca del "Liceo Classico B. Telesio" dal Fratello Stanislao.

Amante del gioco del calcio giocato, a partire dal 1945 si innamora, grazie a Silvio Piola, che non milita più nella Lazio di Roma, del colore bianconero delle Zebre Juventine di cui diventa grande tifoso anche se di seconda piazza.

Lupi della Sila e Zebre Bianconere, ancora oggi fanno parte in egual misura del suo mondo fantastico che ogni uomo possiede nel suo inconscio e non lo baratta con nessun tesoro di questo Mondo.

La sua passione calcistica lo porta alla pubblicazione di "**Lupi Alé**", edito da Nuova Santelli Edizioni e di "**Juventus 1914**", volumetti in lingua dialettale aiellese, in cui, con schede tecniche dettagliate, immortala, con le dovute proporzioni, alcuni dei maggiori Calciatori che hanno indossato, nel corso degli anni, le due amate maglie.

In gioventù, negli anni del Liceo, nel triennio 1951-1953, ha giocato a calcio nel settore giovanile di Cosenza, campionati Juniores militando, il primo anno, con il compaesano, Mario Naccarato ed un folto gruppo di ragazzi di Grimaldi, nella "Juventina Libertas" di Cosenza.

Nei due anni seguenti nella Mitica" Politano" del Quartiere Rivocati, fondata, finanziata ed allenata dal prof. Lelio Monaco. Con la" Politano", sempre militando nel settore giovanile, Giulio di Malta. giocando da centravanti o ad esterno sinistro, ha vinto, a livello provinciale, tutto ciò che c'era da vincere con il record di aver impattato una sola partita nel corso del campionato.

Trascrivendo quella formazione tipo, ed il nome di alcune riserve, si vuole fare un omaggio ad un gruppo di giovani che, pur dotati di talento, non hanno avuto la possibilità di emergere, dato i tempi difficili vissuti durante la "Ricostruzione d'Italia" e le possibilità economiche che dovevano essere affrontate, riservate solo ai figli delle Regioni del Cento Nord della penisola.

Nonostante ciò, i giovani calciatori calabresi e di Cosenza in particolare, hanno avuto la possibilità ed il privilegio di essere chiamati ad allenare la prima squadra della città, per tutto il corso dei due campionati di serie B disputati, un giovedì si ed uno no. Per questo motivo hanno giocato contro elementi che hanno militato in serie A come i vicentini Sergio Campana e Borgo, l'udinese portiere Dinelli, il terzino Fontana, il Palermitano di Rogliano Pavesi.

La formazione tipo della "Politano" dell'epoca, nella quale Giulio di Malta, diciottenne ed anche uno degli anziani ha militato, era composta da: Giordano o Sorrentino in porta quindi Florio Gigino, Gagliardi Alberto e Crispo trio difensivo, De

Rango e Pietro Florio, mediani, Coscarella mezzala di regia, Pellegrini I Fantasista, Briglio o Santangelo ala destra, di Malta o D'Angelo e Ricchio punte, Mario Canonaco e Gino Pagliuso, Jolli, Pellegrini II e De Gaetano eventuali sostituti degli attaccanti.

Per quanto riguarda il tifo calcistico, Giulio è stato esponente massimo per oltre dieci anni del "Tifo Organizzato Rossoblu", facendo il Presidente, per oltre dieci anni ed il Vice Presidente per altri dieci, nel "Centro Coordinamento Club Rossoblu", a cui erano affiliati, i trentacinque clubs del Cosenza Calcio della Provincia e i tre di fuori regione.

Per quanto riguarda la Pittura, Giulio di Malta, ha tenuto la sua prima mostra nella Primavera de 1972 alla Galleria 98 di Cosenza, stimolato dal proprietario Vincenzo Morelli, ottenendo un grande successo di visitatori, che hanno acquistato tutte le opere che l'autore ha voluto vendere. Stimolato dal successo e consigliato dall'esperto gallerista, Giulio inizia il suo cammino di artista, frequentando le Gallerie della città ed in modo particolare la Galleria 98, covo e residenza di vecchi "Marfioni" e di Matricole vogliose di apprendere.

A Partire dal 1972, Giulio di Malta conduce le sue battaglie su quattro fronti uno più bello dell'altro, uno più difficile dell'altro; per crescere i figli, fa l'Imprenditore Agricolo, per Hobby e soddisfazione professionale, il Grafico e il Paesaggista, per vocazione il Poeta in Lingua italiana e Dialettale, trasferendo su pagina scritta l'idioma aiellese fin dal 1951, in Lingua dialettale Aiellese.

Per questi motivi, Giulio è prima ricercatore, poi scrittore e cultore.

Nella sua sessantennale peregrinazione con lavori in lingua aiellese si cimenta in tutti i campi dello scibile. Scrive poesie di tutti generi e strutture, poemetti, favole, pezzi di teatro, schede tecniche di calciatori del Cosenza Calcio 1914 e della Iuventus di Torino, racconti in versi ed oltre cinquanta elegie in lingua volgare ed aiellese che il Comune di Aiello Calabro ha voluto fossero raccolte in volume e pubblicate con il titolo: **"L'Antichi"**.

Nel decennio 1972-1982, ogni domenica, tempo permettendo, con il "Gruppo 98" di Artisti Cosentini, partecipa dall'Aprile a fine Luglio ad estemporanee, con esposizione e vendita in piazza, in moltissime cittadine e paesi calabresi e conosce e fa amicizia con giovani artisti quali: Sicilia, Coluccio, Bitonti, Negro,Vigna, Bria, Falivena, Marmugi, Filosa, Mario Mauro ed altri che onoreranno un'epoca irripetibile della Provincia.

Dal 1980 al 1982, conduce settimanalmente la trasmissione in lingua dialettale calabrese" l'Altra Lingua u Calavrise: un anno su Radio Lancillotto, e due poi su Radio Queenn con la collaborazione di altri due eccellenti Poeti cosentini: Maria Chiappetta e Raffaele de Marco.

Nel 1982, Giulio ha uno spazio televisivo su" Teleuno" e conduce con l'amico Arcuri sedici trasmissioni dal medesimo titolo" L'Altra lingua, U Calavrise".

Negli anni successivi fino al 1990 la trasmissione condotta su Radio Queenn sarà trasmessa in TV su Rete Alfa e per molti anni su Telespazio Calabria con la partecipazione e presentazione al pubblico Calabrese e parzialmente siciliano e pugliese del mondo poetico vernacolare e dialettale calabrese. Vengono intervistati e presentati ai telespettatori i maggiori poeti viventi: da Achille Curcio a Salvatore Filocamo, da Funari a ad Alvaro, da Gaetano Coccimiglio, a Polistena.

Nel 1990, Giulio viene eletto Presidente del Centro Coordinamento Clubs del Cosenza Calcio 1914 e l'elezione comporta la fine delle trasmissioni televisive e parzialmente anche dell'attività artistica di grandi opere pittoriche.

Dal 1990 al 1996, Giulio fa il Presidente del Tifo organizzato partecipando a manifestazioni, incontri, attività calcistiche inerenti e trasmissioni sportive su tutte le reti televisive specie su Telespazio Calabria dove settimanalmente è ospite dell'amico Riccardo Giacoia. Con Riccardo forma una coppia agguerrita sempre pronta a difendere i colori rossoblu allora militanti i serie B.

Nel periodo 1991-1999 Giulio, oltretutto, tralascia di dipingere grandi quadri e si dedica anima e corpo alla realizzazione di miniature fino al formato cm 2x2, rappresentanti paesaggi e scorci calabresi di panorami, vie, palazzi, su pietre di mare ed in seguito su piccole tavolette di legno d'ulivo o di pino canadese.

Nello stesso periodo realizza, guasciandole con inchiostro di china o acquerello, grafiche artistiche di scorci di vie paesane o cittadine, panorami di antichi castelli, personaggi aiellesi e familiari.

In questo periodo l'artista inizia il riordino di tutto ciò che ha scritto in prosa ed in versi, memorizzando il tutto su dischetti CD pronti ad essere dati alla stampa in qualunque momento. Il riordino fatto con una certa cura, porta alla pubblicazione del secondo volume delle poesie in lingua aiellese **"Quatri d'Aiellu"** casa editrice Pellegrini; **"Nuozzuli"** raccolta di liriche concernenti oggetti ritenuti erroneamente inutili ma di valore storico; **"U Nocchieru"** raccolta di liriche riguardanti la vita e l'operato di S.S. Papa Carol Woytila dichiarato Santo dalla Chiesa Cattolica dopo pochi anni della sua morte e ritenuto da molti studiosi il Personaggio più importante del Ventesimo Secolo.

Subito dopo viene dato alle stampe, con tiratura limitata di appena cinquanta copie, **"Un Ve Spagnati"**, volumetto di liriche dedicato a Papa Francesco I.

La produzione artistica e letteraria dell'Artista Giulio di Malta è foltissima ed è difficile quantificarla. Si tratta di un vastissimo numero di liriche, oltre cinquecento, tra cui ben settanta elegie per lo più in Lingua dialettale Aiellese, circa cinquanta favolette ed un centinaio di Racconti di vita vissuta nel Circondario di Aiello, Cleto, Gizzeria, Amantea, nella seconda metà del ventesimo secolo.

A titolo informativo di seguito le pubblicazioni avute nel corso degli anni, questo elenco è composto dai volumi: *"Quatri D'Aiellu"* primo volume, *"Quatri D'Aiellu"* secondo volume, *"Nuozzuli"*, *"Calabria mia"* Nuova Santelli Edizioni *"Lupi Ale!"*, *"U nocchieru"*, *"Un Ve Spagnati"*. *"I Racconti del Frantoio"*, *"L'Antichi"*, *"C'ere nna vota Aiellu"*, *"Liberazione di Gizzeria"*, *"Na vota... Jazzaria"*.

Altra pubblicazione è: *"Quattro Stelle Juventus"*, volume in Idioma aiellese che in effetti è, a sua volta, una raccolta di schede tecniche che più o meno vorrebbero descrivere personalità e immagine fisica di una cinquantina di calciatori che negli ultimi sessant'anni, hanno rivestito la mitica casacca bianconera.

Particolare è *"I Racconti del Frantoio,"* raccolta di dodici racconti di vita vissuta dall'autore durante gli anni cinquanta e sessanta del secolo scorso, svolgendo l'attività di imprenditore Agricolo e gestendo, oltretutto, il Frantoio aziendale abilitato legalmente a lavorare anche per conto terzi.

Infine una citazione particolare a *L'Eroica Balilla di casa Trapuzzano* altro lavoro editoriale dedicato al nonno materno Tito che, nella prima decade del Settembre 1943, con grande coraggio, ha affrontato, con la vecchia Balilla di famiglia, il pericolosissimo viaggio di andata e ritorno da Gizzeria, provincia di Catanzaro, a Frascati per riportare a casa il nipote Giulio di Malta bloccato dagli eventi bellici dell'epoca nel Nobile Convitto "Mondragone" di Frascati ospite dei Gesuiti.

Dal Gennaio 2000 all'Aprile 2012 Giulio risiede a Roma a

causa di una gravissima malattia che, nel 1999, ha colpito la moglie e rientra a Cosenza nel Giugno 2012 ove attualmente risiede abitando in via Pasquale Rossi n 49.

 ”Per meriti artistici”, Giulio è stato chiamato a far parte dell'Accademia Cosentina “G. Parrasio”.

Indice